키스 | 동양의. 창을. 열다.

지은이 엘리자베스 키스Elizabeth Keith

1887년에 스코틀랜드 애버딘셔에서 태어난 엘리자베스 키스는 1915년부터 일본, 한국, 중국, 필리핀, 말레이시아, 인도네시아 등지를 여행하면서 동양을 소재로 한 수채화와 판화 작품들을 여러 점 남겼다. 한국에는 삼일 운동 직후인 1919년 3월 말에 처음으로 왔다. 그 후 한국에 남다른 애정을 갖게 되어 한국을 대상으로 왕성한 작품 활동을 했으며, 서양 화가로서 최초로 서울에서 1921년과 1934년 두 차례에 걸쳐 전시회를 열기까지 했다. 1919년에 도쿄의 전시회에서 신판화 운동에 앞장선 출판인 와타나베 쇼자부로渡邊庄三郞를 만난 뒤부터 목판화 작품들을 만들기 시작했다. 정감 있는 그림들로 생소한 동양의 모습을 서양에 널리 알려 주었으며, 목판화의 한계를 넘어서 이색적인 색채로 세밀화처럼 충실하게 묘사한 점 등이 높은 평가를 받고 있다. 현재 영국, 미국, 캐나다 등 각국의 유명 미술관에 작품들이 소장되어 있다. 평생 동양을 사랑했으나 2차 세계대전과 한국전쟁 때문에 동양을 다시 찾지 못해 안타까워하다가 1956년에 런던에서 생을 마쳤다. 저서로 《동양의 창Eastern Windows》(1928), 《올드 코리아: 고요한 아침의 나라Old Korea: the Land of Morning Calm》(1946)가 있다.

옮긴이 송영달

1937년에 서울에서 태어났고, 1960년에 연세대학교 정치외교학과를 졸업한 뒤, 1962년에 미국 조지아 대학교에서 정치학 석사학위를, 1967년에는 펜실베이니아 대학교에서 박사학위를 받았다. 이스트캐롤라이나 대학교에서 정치학, 행정학 교수로 30여 년간 재직한 뒤 현재는 명예교수로 은퇴하여 미국 노스캐롤라이나 주에 거주하고 있다. 오랫동안 한국을 떠나 있으면서 한국인의 정체성에 대한 고민으로 한국을 다룬 서양 고서와 그림 들을 모으던 중, 20세기 초 일본 식민지하 한국인의 아름다운 일상을 화폭에 담은 엘리자베스 키스의 열렬한 수집가가 되었다. 다른 어떤 서양 화가보다 한국을 많이 그린 화가로 인정받는 키스가 정작 한국에서는 잘 알려지지 않은 데 대한 안타까움으로 그녀의 한국 방문기를 번역하여 《영국 화가 엘리자베스 키스의 코리아, 1920~1940》(2006)을 출간하였다. 전북도립미술관, 경남도립미술관, 국립현대미술관, 뉴욕 코리아 소사어티 갤러리 등에서 엘리자베스 키스 전시회의 게스트 큐레이터로 활동하였다.

표지 그림 설명
엘리자베스 키스의 초상화Portrait of Miss Elizabeth Keith, 이토 신수이, 1922
미인화의 1인자이며 신판화가인 이토 신수이伊東深水가, 자신과 마찬가지로 와타나베에 의해 목판화 화가의 길을 걷게 된 인연으로 엘리자베스 키스에게 그려 준 초상화이다. 와타나베 쇼이치로 제공.

키스 | 동양의. 창을. 열다.

영국·· 화가가·· 그린·· 아시아·· 1920~1940

엘리자베스 키스 지음 송영달 옮김

cum libro
책과함께

일러두기

1. 이 책에 사용된 작품 중 옮긴이가 소장한 것은 따로 소장자를 적지 않았다. 그 밖의 작품 소장자 정보는 다음과 같다.
   - HAA : 호놀룰루 미술 아카데미The Honolulu Academy of Arts
   - JIJ BLAND : 이언 블랜드Ian Bland
   - PAM : 퍼시픽 아시아 박물관Pacific Asia Museum
   - JS : 조던 슈니처 미술관Jordan Schnitzer Museum of Art
2. 작품 정보에서 그린 시점이 불분명한 경우는 따로 표기하지 않았다. 마지막의 숫자는 원화의 실제 크기로, 단위는 cm이다.
3. 본문에서 엘리자베스 키스의 설명은 ◉와 궁서체로, 옮긴이의 설명은 ◑로 구분하였다.
4. 원서《동양의 창Eastern Windows》을 만드는 과정에서 편집자가 편지의 날짜를 삭제하였고, 그 후 원본 편지들 중 일부가 소실되었다. 따라서 이 책에서는 엘리자베스 키스가 편지를 쓴 장소로 내용을 구분하였다.

나카, 하루, 다니, 마코토, 미예, 메리 마츠카타, 알렉산드라 게일에게

Buddha's Birthday

EK
1919

Elisabeth Keith

4월 초파일Buddha's Birthday (Korean Boy in Festival Dress) 1919 채색 목판화 16.8×26.5

New Year's Shopping. Seoul.

Elizabeth Keith

정월 초하루 나들이 New Year's Shopping, Seoul 1921 채색 목판화 25.7×37.5

_____ 평양의 대동문 East Gate, Pyeong Yang, Korea 1925 채색 목판화 45×31.4

_____ 중국 배우 CHINESE ACTOR 1924 채색 목판화 30.7×40.7

_____ 홍콩의 꽃거리 FLOWER STREET, HONG KONG 1925 채색 목판화 25.7×48.2 JS 소장

말라카의 야경 Night Scene, Malaca 1924 채색 목판화 25.1×37.8

여름 해변에 비친 모습, 가마쿠라 Summer Reflections, Kamakura 1922 채색 목판화 37.5×24.1 HAA 소장

청색과 백색 Blue And White 1925 채색 목판화 27.6×37.8 JIJ BLAND 소장

차례

영국 스코틀랜드 출신의 화가 엘리자베스 키스는 1915년 봄 일본에 첫 발을 내디뎠다. 그 후 20여 년간 동양의 이곳저곳을 찾아다니며 정감 있고 황홀한 인물화와 풍속화를 그렸을 뿐 아니라, 책도 세 권이나 출판하였다. 첫번째 책《웃으면서 넘깁시다Grin and Bear It》는 1917년에 도쿄 적십자사의 기금 모금을 위해 출간한 것으로, 유명인들의 캐리커처를 32쪽짜리 책 한 권으로 엮었다. 미술학교에 다닌 적은 없었지만 그림에 천부적 재능이 있었던 그녀는 이 책자를 계기로 일본 내 서양인 사회에서 '그림 잘 그리는 여자'로 알려졌다.

1946년에는 언니 엘스펫 키스 로버트슨 스콧Elspet keith Robertson Scott과 공저로《올드 코리아: 조용한 아침의 나라Old Korea: the Land of Morning Calm》를 뉴욕에서 출판하였다.《올드 코리아》또한 옮긴이가 원저에 소개되지 않은 많은 작품들을 원래의 천연색 그림으로 첨부하고 또 약간의 주석도 추가해서, 지난 2006년에 도서출판 책과함께에서《영국화가 엘리자베스 키스의 코리아 1920~1940》이라는 제목으로 번역하여 출간하였다. 키스 자매가 한국을 찾은 때가 1919년이었으므로《영국화가 엘리자베스 키스의 코리아 1920~1940》은 일제 치하에서 억압받던 한국인들의 실상을 상세히 폭로하는 역할을 했다. 그러나 무엇보다 중요한 것은 엘리자베스 키스라는 여류 화가의 그림을 통해 처음으로 우리네 옛 모습을 보았다는 점이다. 전문가 몇 사람을 제외한 대개의 한국인들이 서양의 여류 화가가 자신들의 모습을 그려 세계 각국을 돌며 유명 미술관에서 작품을 전시했다는 사실을 전혀 모르던 시절이었다. 엘리자베스 키스가 세상을 떠나고 50년이 흐른 후에야 전북도립미술관, 경남도립미술관, 국립현대미술관에서 그녀의 단독 전시회가 열렸고, KBS와 재능TV에서는 특집 방송을 통해 그녀를 한국에 알렸다.

만 9년간 동양의 여러 나라를 여행하며 그린 그림들로 100여 점의 목판화를 만들고 1924년에 영국으로 돌아간 키스는, 그 뒤 영국은 물론 유럽의 다른 나라에서까지 인정받는 판화의 대가가 되었다. 이 책의 원저인 《동양의 창Eastern Windows》은 키스가 동양 각지를 여행하며 언니 엘스펫에게 보낸 편지를 편집한 것으로, 동양 문화에 대한 소개와 더불어 그녀의 그림을 대중에게 선보인 책이다. 원저의 편집 과정에서 극히 사적인 내용이나 정치적으로 민감한 부분을 삭제한 것을 이해할 만하다.

이 책의 출간은 세 가지 면에서 새로운 의미가 있다. 첫째는 원저《동양의 창》에 소개된 그림이 불과 12점인데 반해, 무려 80여 점을 소개했다는 사실이다. 그중에는 동양 각국의 인물화와 풍속화를 그린 목판화도 있으며, 아직 한 번도 공개 되지 않은 여러 점의 수채화도 있다. 수채화 중에는 한국을 소재로 한 작품 다수가 포함되었다.

두 번째는 옮긴이가 쓴 해제〈엘리자베스 키스의 삶과 그림: 한국을 중심으로〉를 추가한 점이다. 이 글은 1차 자료를 근거로 옮긴이가 수년간에 걸쳐 연구한 결과이며, 한국어로는 물론 영어로도 이보다 더 상세히 기술된 해제는 없다. 다만 옮긴이가 미술 평론가가 아니다 보니 그림 자체에 대한 논평이나 감상에서 주관성이 완전히 배제되었다고는 할 수 없다. 엘리자베스 키스 애호가가 독자의 이해를 돕고픈 마음에서 쓴 평이라 생각해 주면 좋겠다.

마지막으로 책 말미에 소개한 〈엘리자베스 키스 작품 목록〉은 여러모로 소중한 자료다. 여기에는 목판화뿐 아니라 현재까지 알려진 수채화, 스케치, 에칭 등 그녀의 작품 일체가 수록되었다. 키스는 평생 동양을 소재로 해서 그림을 그렸는데, 그중에서도 특히 한국을 소재로 한 작품은 더할 나위 없이 귀중한 그림이라는 것이 옮긴이의 믿음이다. 키스가 마지막으로 한국을 떠난 해가 1936년인지 혹은 1939년인지를 밝혀줄 결정적 자료조차 없을 만큼 그녀에 대한 연구가 미미한 상황에서, 이 작품 목록이 앞으로 많은 사람들의 연구에 도움이 되기를 바란다. 아직 소재를 알 수 없는 수채화와 스케치 원본도 발굴되는 대로 이 목록에 추가되기를 바란다.

상업성이 보장되지 않더라도 중요한 의미가 있는 책을 발간하겠다는 도서출판 책과함께 류종필 사장과 편집부 여러분의 노고에 깊이 감사드린다. 필자가 소장하지 못한 작품의 원본 이미지를 제공해준 퍼시픽 아시아 박물관, 호놀룰루 미술 아카데미, 조던 슈니처 미술관에도 감사드린다. 엘리자베스 키스의 친척들, 특히 맥스 베레티Max Berretti [Annabel] 부부, 안토넬라 벨Antonella Bell 여사, 앤서니 키스Anthony Keith 부부, 피터 키스Peter Keith 부부와 엘리자베스 키스의 작품 수집가로서 여러 방면으로 도움을 준 영국인 이언 블랜드Ian Bland 씨에게도 감사한다. 언제나처럼 엘리자베스 키스 연구를 후원해준 가족들에게 이 기회를 빌려 고마움을 전한다.

2012년 7월

송영달

머리말

몇 해 전, 나는 도쿄에서 한국 사람들의 일상생활을 소재로 한 수채화 개인
전을 연 일이 있었다. 일본에서 한국과 한국인의 모습을 담은 미술 작품 전
시회가 열리기는 그때가 처음이었다.

그 전시회에 일본 목판화 출판업계에서 굴지의 인물로 꼽히는 사람❶
이 왔다가 내 그림 중에서 〈달빛 아래 서울의 동대문〉^{p.226}이라는 수채화를
꼭 목판화로 만들라고 권하였다. 그러면 크게 성공하리라는 것이었다. 나
는 그의 충고를 받아 들였고 그의 말은 적중했다. 지금도 그 그림은 내가 만
든 목판화 중에서 제일 인기 있는 작품이다.

이 책에 삽입된 그림은 대부분이 목판화로, 일본의 전통 방식에 따라
제작되었으며, 오랜 전통에 따라 장인들이 목판을 각인했다. 주지하다시피
옛날부터 일본 미술의 대가들은 자기 그림을 목판에 새기거나 채색하는 작

———————

❶   와타나베 쇼자부로渡邊庄三郎로, 신판화 운동을 성공적으로 이끈 출판계의 대부이
다. 일본 화가들의 그림은 물론이고 키스를 포함한 많은 서양 화가들의 그림이 그의 손
을 거쳐 목판화로 출판 및 보급되었다.— 옮긴이

업을 절대 직접 하지 않았다. 그런 일은 미술가를 위해 일하는 목판 각인공이나 채색자 들이 맡았다. 머리카락 한 올에 불과한 선이라도 작가의 붓질을 절대 바꾸지 않는 것이 목판 각인공들이 가진 전문가로서의 실력이자 자부심이었다. 얼마나 무조건적으로 이 원칙을 따르는지 어떤 때는 내가 붓끝을 잘못 놀려 칠한 선 하나까지 그대로 목판에 새긴 일도 있었다.

단지 한 작품을 두고서도 나는 여러 날, 때로는 한 달이 넘도록 장인들 옆에서 무릎을 꿇고 앉아 있어야 했다. 전통 방식을 따른다고 해놓고도 내가 줄곧 그 방식을 깨는 바람에 장인들의 노여움을 사기도 했다. 여기에서, 와타나베 씨의 인내심, 이해심, 그리고 동정심에 깊은 감사를 표하고 싶다. 와타나베 씨는 일본어에 능숙하지 못한 나를 위해 번번이 내 대변자가 되어주었고, 내가 일본 전통에 대한 그의 깊이 있는 이해에 반하는 의견을 냈을 때조차도 늘 나를 위해 충실한 비평가이자 고문이 되어주었다. 의견이 충돌할 때면 그는 늘 물러섰다. "그렇게 하면 외국인 여행객들은 좋아하겠군요!"라는 게 그가 내게 한 가장 심한 말이었다.

여기에 수록된 그림 중 〈궁중 음악가〉p.52는 그 뒤에 내가 유럽으로 돌아가서 새로 습득한 컬러 에칭 기법으로 작업한 것이다.

이 작은 책이 내가 어떻게 무더위와 추위, 병균이 득실거리는 도시의 악취와 먼지를 견뎌냈는지를 보여주지는 못한다. 여기저기를 찾아다니고, 기다리고, 두려움에 떨어야 했던 고통은 내가 감당해야 할 몫이었다. 그림을 그릴 대상은 일본, 중국, 한국, 필리핀의 생소한 장소나 인적이 드문 산간벽지로까지 나를 이끌었다. 때론 위험할지도 모르는 미지의 세계가 나를 기다리고 있었지만, 다행스럽게도 대체로 코미디나 멜로드라마로 끝이 났다. 어떤 일을 겪든 나는 매번 그림과 스케치를 잔뜩 챙기고 돌아와서 채색 목판화로 옮겼다. 채색 목판화야말로 내가 미술가로서 보고 느끼고 기록한 모든 것들을 다른 어떤 매체보다도 가장 효과적으로 서양에 전달하는 방법이었기 때문이다.

여행자로서의 즐거움도 만끽하였다. 여행의 즐거움 이상의 동기를 꼭 말해야 한다면, 내가 만난 어느 매력적인 미국인의 말을 인용하는 것이 좋겠다. 그녀는 자기가 손자를 데리고 세계 일주를 하는 이유에 대해 "그 잘난 '이튼'의 촌티를 벗겨주고 싶어서!"라고 내게 털어놓았다.

나는 문필가가 아니다. 극동, 미국, 런던, 파리 등지에서 열린 내 전시회에 온 사람들이 거듭 여행기 집필을 권하지 않았다면, 나는 책을 쓸 엄두조차 내지 못했을 것이다. 게다가 언니 로버트슨 스콧이 내가 극동에서 보낸 편지 가운데 일부를 모아 두지 않았다면, 시간을 내어 집필하기는 어려웠을 것이다. 이 책은 그 편지들을 부지런하고 노련하게 정리하고 편집해준 언니의 공이다.

여행하는 동안 곳곳에서 만난 수많은 사람들의 이름을 다 기억할 수는 없다. 우선 내 그림의 모델이 되어준 일본, 중국, 한국, 아이누 족 사람들 그리고 인내심을 발휘해준 필리핀의 여러 부족민에게 감사의 뜻을 표하고 싶다.

또한 일본 천황의 동생인 지치부노미야 야스히토秩父宮雍仁 왕자로부터 단체 관람을 와준 어린 학생들에 이르기까지 내 그림을 보러온 많은 사람들에게 감사한다. 런던 전시회 때 지치부노미야 왕자의 방문은 특히 흥미로웠다. 일본 쪽 사람의 말에 따르면 일본 황실의 누군가가 평민들의 예술인 채색 목판화 전시회를 친히 찾은 것은 그때가 처음이라고 한다.

도쿄에 유숙할 때 만난 마츠카타 쇼쿠마 부부에게는 특별히 감사의 마음을 전하고 싶은데, 마츠카타 부부는 내가 만난 가장 친절한 집주인이었다. 또한 여기에 일일이 열거하진 못했지만, 친절하게 손님을 접대해준 많은 이들과 여러 친구들 가운데 특히 몇몇은 도처에서 여러 가지 방법으로 내게 도움을 준 고마운 분들이다.

플로렌스 아이스코프 여사, 루이스 브리검 치솜 여사, 덴턴 양, 달그리시 여사, 아이 푸게이트 씨, 폰 헤이덴스탐 부부, 잉거솔 판사 부부, 이와나가 부부, 랄프 밀스 여사, 김윤식 자작, 니토베 의사 부부, 존 도일리 부부, 러셀 케네디 부부, 로날드 매클라우드 여사, 자작 민 씨와 그의 어린 딸, 작고한 오카베 자작, 로릴라드 스펜서 여사, 월터 싱클레어 씨, 메리 손 여사, 마닐라의 스페인 클럽 회원, 여의사 메리 스튜어트와 직원들, 도쿠가와 왕자와 도쿄의 피어스 클럽 회원들, 머레이 워너 여사, 선장 에드워드 왓슨 내외, 웨이저 씨, 휘트머 여사, 제임스 라이트 씨, 케이 야나기타 씨, 여러 단체와 기관의 임원분들께 고마움을 전한다.

또한 캠벨 도슨 씨, 조지 브로크너 씨, 영국으로 돌아오는 길에 나를 도와준 캐슬린 그린 양과 미국에 계신 버사 자크 여사에게도 감사의 뜻을 전한다.

미국에 있는 친구들은 다들 내게 넘치게 잘해준 데다 그 수도 워낙 많아서, 일일이 이름을 늘어놓기 시작하면 아마 한 도시의 전화번호부 책자에도 다 담지 못하리라.

감사드릴 데가 어디 이뿐이겠는가! 내 작품에 대해 너무나 좋은 평을 해준 극동의 내외국어 신문사에도 고마움을 전하지 않을 수 없다. 기자들 중에서도 특히 베네딕트 양, 크레인 여사, 루실 더글러스 양, 플라이셔 씨, 하퍼 씨, 야마가타 씨, 모건 영 씨에게 감사드린다. 방랑의 화가인 나에게 친절을 베풀어준 그 수많은 이들에게 어떤 말로 감사의 마음을 전해야 할까?

머나먼 나라에서 일하던 여러 종파의 선교사들도 늘 한결같이 나를 도와주었다. 정치인, 외교관, 영사, 육해군 장교, 인류학자, 교사, 의사, 약재상, 사제, 작가, 배우, 가게 주인, 무당, 막일꾼, 자수공, 심부름꾼, 소년과 소녀, 마을 대표, 소방관, 부족의 공주, 호텔 관리인, 인력거꾼, 통역사, 토속 신앙을 믿는 이들, 회교도, 이 모든 이들이 마음 깊은 곳에 진정한 기독교인의 정신을 가진 사람들이었다.

    다시 돌아가 반가이 인사를 나누며 그들을 화폭에 담고 싶은 것이 나의 희망이요, 꿈이다.

퐁텐블로에서

엘리자베스 키스

일본과 북해도, 일본과 한국, 일본과 중국, 일본과 필리핀을 수차례 오가며 방랑한 여류 화가 엘리자베스 키스의 편지 전문 또는 일부를 각 나라 별로 모아 편집해보았다.

여러 나라를 여행하는 도중에 수시로 터지는 많은 사건들을 목격하며 여동생 엘리자베스 키스는 여행객으로서도 영향을 받았지만, 미술가로서도 신경이 곤두설 수밖에 없었다. 하지만 언제나 엘리자베스의 최대 관심사는 삶의 여러 가지 모습이었고, 그 모습은 그녀가 그림을 그리는 그 순간에조차 변화하고 있었다. 이런 이유로 이 책에서는 모든 날짜를 뺐으며 정치적인 이야기도 배제하였다.

'일본의 캐나다'라고도 불리는 북해도는 일본 최북단에 있는 섬으로, 작가가 들른 곳 중에서는 세상에 가장 덜 알려진 곳이 아닐까 싶다. 이곳에서 엘리자베스 키스는 '털북숭이 아이누'라고 불리는 일본 원주민들을 화폭에 담았다.

의사 제임스 게일의 훌륭한 저서들 덕분에 한국 특유의 토착 문화를 많은 사람들이 알게 되었지만, 대부분의 여행객들에게 한국이라는 나라는 아직도 일본과 중국을 잇는 철도 노선 중의 한 곳 정도로밖에 인식되지 않는다. 다행히도 엘리자베스는 한국 전통 사회의 양반 계층뿐 아니라 평범하게 오늘을 살아가는 사람들과도 만날 기회가 많이 있었다.

또 다행히 엘리자베스는 필리핀의 여러 부족과도 만날 기회가 있었다. 이들 부족은 미국 여행객과 미술가에게는 잘 알려져 있지만, 이곳 영국 사람들에게는 그렇지 않다.

풍부한 문화의 나라인 중국은 수많은 미술가들이 이미 화폭에 담았지만, 참신한 안목의 새 미술가는 다른 사람이 보지 못한 것을 발견하고 새 것을 더해주는 법이다. 일본 미술계의 대가인 다케우치 세이호竹内栖鳳 씨는 엘리자베스의 〈소주蘇州〉를 보고 다른 작품에서는 찾아볼 수 없는 인간다움이 엿보인다고 호평하였다. 한편 대영박물관의 판화 작품 관리자인 캠벨 도지슨은 파리에서 열린 '엘리자베스 키스 채색 판화 전시회—극동을 그리다Exposition des Gravures en Couleurs de l' Extreme-Orient par Elizabeth Keith'의 도록 서문에 이렇게 적고 있다. "열정적이고 과학적이면서도 특별한 식별력을 가진 키스는 일본의 각인공들에게 유럽식을 강요하지 않으면서도 소기의 성과를 거두었다. 자국의 일상을 묘사하는 과정에서 자연스럽게 따라오는 색채, 우아함, 향기라 할 수 있는 그 모든 것을 취해 그림으로 옮기면서, 대대로 내려오는 전통을 고수할 수밖에 없는 장인들의 자발적인 이해와 협력을 얻어낸 것이다. 이처럼 서로간의 성공적인 협력과 이해는 풍경화에서뿐만 아니라 사색에 잠겨 있는 한국 사람들의 모습이나 여러 다채로운 환경에서 찾아낸 몸짓과 표정을 묘사하는 데 탁월한 성과를 거두었다."

옥스퍼드 킹햄 이드베리 매너에서

엘스펫 로버트슨 스콧

한국
KOREA

•
•
•

김윤식 자작 Viscount Kim Yun Sik 1922 수채화 30.5×40 《Old Korea》

1
흥겨움 그리고 파리 떼

· · ·

서울에서 쓴 편지 1

한국에 다시 오니까 좋아요. 언니도 함께였다면 얼마나 좋았을까요! 이곳에선 원하는 대로 얼마든지 모델을 구할 수 있어요. 그러니 제겐 다른 곳과는 천지차이죠. 방금 그 유명한 귀족 노인 김윤식 자작의 초상화를 그렸답니다.

　주선은 게일 박사님이 해주셨어요.[*] 제 마음을 잘 헤아려주시는 분이죠. 한 번은 제가 간절한 마음으로 다음에는 저 어르신이 예전 궁중 복장을 입고 모델을 서주었으면 좋겠다고 박사님께 말씀을 드린 적이 있어요. 그러자 박사님께서 "엘리자베스 양, 만약 영국에 온 어떤 인도 화가가 '저 공작 부인을 모델로 그릴 수 있게 해주세요' 하고 당신에게 부탁을 한다면 어떻게 하겠소? 더구나 '우리나라 사람들한테 보여주고 싶으니, 꽉 끼는 바지에 번쩍이는 장식을 달고 모델을 서주시

———

[*]　나는 한국에서 제임스 게일James Scarth Gale, 1863-1937 박사의 도움을 많이 받았다. 게일 박사는 캐나다 장로교 선교사로서 한국 문학을 40년 넘게 공부했고, 한국에 관한 유명한 책도 여러 권 집필했다. 한국 사람들에게 사랑을 많이 받는 분이기도 하다.

겠습니까? 그럼 영국 사람들이 아주 흡족해하면서 왕립 미술원이나 어쩌면 대영 박물관에 그림을 걸지도 모르잖습니까'라고 한다면 어떻겠소? 이게 지금 엘리자베스 양이 나더러 그 한국 귀족에게 부탁해달라는 거라오"라고 하시더군요. 말씀은 그렇게 하셨지만, 결국 박사님은 노령의 자작을 모셔와 궁중 복장 차림으로 제 앞에 앉게 해주셨답니다!

다른 재미있는 일도 있었어요. 하루는 내가 서울의 좁은 골목길을 급히 지나가는데 남자들만 머무는 사랑방 입구에 두 노인이 앉아 있는 게 보였어요. 하얀색 옷에 실내용 모자를 쓰고 있더군요. 한 사람은 방바닥까지 닿는 긴 담뱃대를 물고 있었고, 다른 한 노인은 경전을 소리내어 읽고 있었어요. 제가 한동안 서서 쳐다보는데도 모르는 눈치였어요. 반들거리는 노란 장판지에 비친 햇살과 방 안의 그림자가 대비를 이루면서 주름진 두 노인의 얼굴이 돋을새김처럼 도드라져 보였죠. 저는 서둘러 집으로 돌아가 게일 박사님께, 제가 그 노인들을 지금 앉아 있는 모습 그대로 그릴 수 있게 저랑 같이 가서 부탁을 좀 해달라고 했어요. 게일 박사님은 처음에는 주저했지만 결국 마음씨 좋게 승낙해주셨어요. 예의를 지켜가며 본론을 꺼내기까지 꽤 시간이 걸렸는데, 모르긴 몰라도 박사님이 최고의 외교술을 발휘하신 듯해요. 결국 두 노인은 승낙을 했어요. 스케치를 끝내고 집에 갈 무렵에는 보람 있는 일을 했다며 박사님도 껄껄 웃으시더군요. 두 노인 양반이 여자, 그것도 외국 여자 화가에게 그림을 그리게 했다는 것이 얼마나 재미있는 사건인지는 한국인의 사고방식을 이해하는 사람만이 알 수 있겠죠!

서울에서 쓴 편지 2

압록강이 홍수로 넘실거리던 날, 결혼식 구경을 하겠다고 배를 타고 행렬을 따라가다 물에 빠져 죽을 뻔하고 결국 결혼식 행렬도 놓치고 만 일 기억하시죠? 그 후

두 명의 학자Two Scholars 수채화《Old Korea》

로 여러 차례 결혼식 구경을 했었는데, 오늘은 얼마 전에 초대를 받아 갔던 결혼식 이야기를 할게요.

제가 앉은 자리는 작은 창문 옆이었는데, 집 안과 집 밖 마당에서 벌어지는 일이 다 보이는 자리였어요. 김치● 냄새를 더는 못 참겠다 싶을 땐 창문 밖으로 고개를 내밀 수 있는 자리이기도 했고요.

우리가 도착했을 무렵에는 이미 집에 사람들이 가득했는데, 온종일 제일 바쁜 사람은 신부의 어머니였어요. 훌륭한 한국 안주인 행세를 하려다 보니 개중에 가장 지저분한 사람도 신부의 어머니였죠. 부지런한 한국의 어머니라면 식구들

———신부 행차Marriage procession, Seoul 1921 채색 목판화 38×25.7

———

● 김치는 두꺼운 상추로 만든 한국의 전 국민적인 절임 음식이다.

시골 결혼 잔치Country Wedding Feast 1921 채색 목판화 36×33.6

결혼식이 있는 날에 어떻게 옷을 갈아입을 시간이 있으며 머리를 빗을 여유가 있
겠어요!

마당에는 커다란 솥에서 걸쭉한 국물이 끓고 있었는데, 솥 옆 통에 담긴 한국
식 마카로니❶를 이 국물에 넣어 내놓는답니다. 마카로니 통은 파리를 막느라 신문
지로 덮여 있었고요. 줄줄이 놓인 작은 한국식 식탁 위에는 고기와 한과와 파리 떼

---

❶ 국수.

가 소복했어요. 도와주러 온 사람도 여럿이었는데, 이 사람들과 신부 어머니가 풍성한 치맛자락을 펄럭이며 바쁘게 움직일 때면 파리 떼도 덩달아 들썩였죠.

간혹 인력거를 타고 오는 손님도 있었어요. 등을 든 사람도 몇 명 있었고, 어떤 남자는 거위◑를 들고 왔더군요. 거위는 부부간의 정절을 상징한다고 해요. 살아 있는 거위를 쓰기도 하고 색을 칠한 나무 거위를 쓰기도 한대요.

일꾼들이 도착하면 솥에서 음식을 떠서 커다란 놋그릇 가득 담아낸답니다. 사람이라면, 심지어 한국의 막일꾼조차도, 그 많은 양을 다 먹어치울 수는 없을 거예요. 다 먹은 뒤에는 신부 어머니든 누구든 음식 담당에게 그릇을 되돌려주죠. 그럼 그릇을 받아든 여자는 잽싸게 손을 놀려 국물은 커다란 국솥에 따르고, 건더기는 손으로 건져 국수 통에 던져 넣는답니다.

사람들은 종일 왔다갔다하며 음식도 먹고 이야기도 나누고 간혹 저를 물끄러미 쳐다보기도 했어요. 아이들은 양손에 먹을거리를 쥔 채 줄곧 부스러기를 흘리며 돌아다녔어요. 그러면 인자한 어머니들은 아이들이 오가는 마루를 젖은 행주로 훔치곤 하죠. 그러다 행주에 묻은 음식 부스러기가 다시 커다란 솥에 들어가는 일도 더러 있었고요.

먹고 마실 거리도 날라야지, 요리하고 음식도 내가야지, 거기다 사람들까지 왔다갔다하니 이내 마당은 엉망진창이 되고 만답니다.

별로 우아하지 못한 장면은 여기까지만 적을게요. 한국의 놋그릇은 참 아름다워요. 은색 비슷한 빛이 난답니다. 손님들도 근사해요. 옷은 환한 색감에, 막 다듬이질을 한듯 구김이 없고 말끔하지요. 여자들은 풍성한 치마를 입는데, 광목이나 비단으로 지어요. 치마 색깔은 엷은 초록색이나 하늘색이고요. 수를 놓은 신도 참 예쁜데 레몬 빛이 도는 노란색도 있어요. 칠흑 비단처럼 반짝이는 여인들의 머

◑ 전통 혼례 때 쓰던, 나무를 깎아 만든 기러기를 거위로 착각한 듯하다.

결혼식에 온 손님 WEDDING GUEST, SEOUL 1919 채색 목판화 24.1×31.2

한국 신부 KOREAN BRIDE 1938 채색 목판화 29.5×41

리에는 은이나 호박, 옥비녀로 장식을 해요. 다들 가슴 앞에는 고운 다홍색이나 진홍색 고름을 늘어뜨리고요. 여자 손님들은 아름다울 뿐만 아니라 다들 살갑고 친절해서 내내 분위기가 화기애애해요. 남자들은 다른 방에 모여 있었는데, 그중 한 명이 한 번씩 나와 일이 어떻게 되어가나 살피곤 했어요.

이리저리 치이고 사람도 너무 많아서 대충 스케치를 하기도 벅찬 상황이었지만, 오가는 사람들, 그중에서도 특히 요리를 맡은 안주인을 관찰하는 것은 아주 재미있었어요.

야단법석 잔치가 열리는 가운데, 오늘의 주인공인 신부는 방 안 상석에 앉아 있었어요. 몸집이 자그마한 신부는 마치 밀랍 주형틀에서 그대로 부어낸 것처럼 전혀 움직임이 없었어요. 반짝이는 머리에는 은과 산호로 장식된 우스꽝스러운 화관을 얹고 있었죠. 얼굴은 물분으로 하얗게 칠을 했고, 눈썹은 높다란 반월형으로 그려져 있었어요. 제대로 앞도 못 볼 것 같았고, 밝게 칠한 입술은 어찌나 앙 다물었는지 본인 결혼식인데 제대로 먹을 수조차 없겠더라고요. 양쪽 뺨에는 동그랗게 암갈색 점을 찍었는데 꼭 가면을 쓴 것 같았어요. 신부는 실제 사람이라기보다 상징적 존재처럼 보였어요.

솥에서 퍼주는 음식은 먹지 말라고 말할 기회를 찾느라 저는 S 여사를 지켜보고 있었어요. 그 부인도 저처럼 초대를 받아 왔거든요. 마침 S 여사가 다가오기에 제가 그 말을 했죠. 그러자 S 여사는 깔깔 웃으며 이렇게 말했어요. "그건 도저히 안 되겠는데요. 전 한국 음식을 아주 좋아하거든요."

서울에서 쓴 편지 3

아는 외국인 댁의 남자 하인이 최근에 상처喪妻를 했어요. 그런데 몇 주 뒤 그 사내가 안주인에게 가서는 "진실이여자 하인 이름가 저랑 결혼을 할까요? 옷이 점점 더러워져서 말입니다. 이걸 빨 때가 됐으니 치다꺼리 해줄 여자가 꼭 필요한뎁쇼" 하더래요. 그러곤 둘이 결혼을 했다지 뭡니까! 한국에서는 옷을 깨끗이 빠는 일이 곧 부인을 얻는 일인가 봐요!

서울에서 쓴 편지 4

한국 의사가 어떤 남자의 무릎에 긴 바늘을 꽂는 모습을 우연히 창문 너머로 본 적이 있었는데, 언니도 기억나세요? 바늘을 꽂으면 통증이 없어진대요. 하루는 어떤 여자가 턱이 빠져서 한의사에게 데려갔는데, 발바닥에 침을 놓았다지 뭡니까? 그런다고 턱이 제자리로 돌아올 리가요! 침이 때론 환자들에게 통증을 잊게 하기도 하지만, 때론 더는 고통이 없는 곳으로 환자들을 보내버리기도 하죠. 한국 사람들은 한의사를 전적으로 믿는 데다 독한 약을 쓰지 않으면 병이 낫지 않는다고 생각해요.

옛 무인 복장을 입은 모델을 그리고 싶은 마음에 하루는 약재상을 구슬려 집으로 데려왔어요. 키가 크고 인상이 강한 사람이었는데, 우선은 평상복 차림으로 대략적인 스케치부터 시작했죠. 그러다 제가 무인 의상을 꺼내놓으며 원하는 바를 설명하자 마뜩지 않다는 표정을 짓더군요. 서구식 방에 어색하게 앉아 있던 약재상은 자리에서 일어나 한껏 위엄을 실어 뭐라고 했어요. 그러고는 성큼성큼 문으로 걸어나갔는데, 옛 무인 복식에다 대고 팔을 내저으며 잔뜩 화가 난 목소리로 또 한마디를 하더라고요. 나중에 물어보니 "우리 아버지라면 저런 옷을 입었을지 모르지만, 나는 절대 입지 않겠소"라고 했다는군요.

2
노선비와 뭇 사람들

·
·
·

원산이 얼마나 아름다운지는 말로 다 전해드릴 수가 없네요. 더구나 늘 제게 운이 따르는 덕분에 지금 머물고 있는 이 집 또한 문명화된 세상의 그 어느 집보다 전망이 아름답답니다.[•] 집주인인 루이스 양과 엘리자베스 맥컬리 양도 제가 만난 어떤 사람보다 마음이 곧아요.

이곳엔 마법 같은 매력이 있어요! 하늘의 별도 새로워 보이고요. 그림 그릴 곳을 찾아 터벅터벅 걸음을 옮기다가도 문득 멈춰서 그 고즈넉함과 평화로움에 빠져들곤 하죠. 이곳은 금강산 입구에서 그리 멀지 않은 곳이라 한쪽으로는 산들이 뭉게뭉게 끝도 없이 펼쳐져 있답니다.

이른 아침에 골짜기 아래를 내려다보면 소나무 타는 향과 함께 아침 안개정확히 말하자면 연기가 자욱이 피어올라요. 마을 사람들이 아침밥을 짓는 동시에 온돌방

[•] 바로 이 아름다운 곳에서 두 점의 목판화 〈원산〉과 〈안개 낀 아침〉이 만들어졌다.

원산 Wonsan, Korea 1919 채색 목판화 23.7×37

40

안개 낀 아침 Morning Mist, Korea 1922 채색 목판화 36.8×24.1

을 데우거든요. 그 영리하다는 일본인들이 방을 덥히는 이런 현명한 방법을 왜 받아들이질 못했는지, 참 안타까워요!

며칠 전에는 어느 막일꾼의 초상화를 마무리하다가 이런 일도 있었어요. 그 사람은 아주 참을성 있게 앉아 있었는데, 좀 지루해하는 것 같기에 제가 맥컬리 양에게 그 사람이 피곤한지 물어봐 달라고 했죠. 그러자 그 사람 말이 "아니요, 피곤하지 않아요. 그런데 저 여자는 대체 무얼 하고 있는 거지요?" 하더래요.

원산에 온 뒤로는 막일하는 일꾼들만 그린 것 같아요. 그래서 며칠 전 친구 둘에게 새로운 모델을 그리고 싶다고 했죠. 두 사람이 내 말을 듣고 한참을 생각하더니, 동시에 "아, 홍 씨에게 부탁하면 되겠다!" 하더군요. 홍 씨는 체구가 작고 잘난 척을 좀 하는데, 그 친구들의 비서예요.

홍 씨를 불러다놓고 맥컬리 양이 말했죠. "이분은 아주 유명한 화가예요. 이분 그림은 세계 곳곳으로 전해질 겁니다. 당신도 알겠지만 한국 사람을 그린 서양 화가는 이분밖에 없는데, 이곳 원산에서 키스 양이 그린 사람이라고는 막일꾼들뿐이죠. 그러니 이분의 그림을 본 세상 사람들이 한국에는 양반은 없고 막일꾼들만 있다고 여기지 않겠어요!" 홍 씨의 자존심을 건드린 것이지요. 다음 날 아침 홍 씨가 오더니 "원산을 통틀어 가장 귀한 분이 키스 양의 모델이 되겠답니다!" 하더군요.

우리는 원산 외곽으로 이어지는 언덕을 오르기 시작했어요. 경치가 무척 훌륭했어요. 늘 가까우면서도 또 먼 산등성이들이 눈앞에 펼쳐졌고, 오래 된 낙락장송에, 하늘마저 아름다웠답니다. 완벽한 경관이었죠.

모델이 되겠다고 전한 노학자가 저를 정중히 맞아주었어요. 이 깊은 산골이야말로 학문에 대한 숭상과 경로사상으로 충만하고, 천박한 욕망과 속세로부터 철저히 벗어난 곳이구나 하는 생각이 들더군요.

하지만 언니, 부러워하시기엔 일러요. 이 노선비에게는 부인, 정확히 말해 부인들과 자식들이 줄줄이 딸렸답니다. 선비의 무식한 아내는 지저분한 행색으로 빨래를 하고 있거나 군왕 같은 노선비의 저녁식사를 준비하고 있을 게 분명해요.

그렇지만 노선비와 단 둘이 있을 때는 온전한 지知의 세계에 와 있는 느낌이에요. 일평생을 정신수양에 매진해온 사람의 세계 속에요.

노선비는 방 안에서 선비들이 쓰는 망건을 쓰더군요. 외출할 때는 챙이 넓은

선비 The Scholar, Korea 1921 채색 목판화 31.4×44.5

THE SCHOLAR. KOREA

갓을 쓰는데, 그는 아직도 승하하신 임금을 기리며 상복을 입습니다. 노선비의 두루마기는 다른 이들처럼 위아래가 통으로 떨어지는 형태가 아니라 허리 한가운데에 띠를 둘렀더군요. 소매는 넓게 흘러내리고, 발목에는 하얀 대님을 묶고요. 오십 년 전만 해도 한국에는 이런 복장을 한 선비가 많았다고 합니다.

나중에 스케치를 하느라 노선비가 궁중 복식으로 차려입었을 때 보니 가슴에 수놓은 학이 딱 한 마리더군요. 그건 노선비가 원래 양반 태생이 아니라는 뜻입니다. 그는 오로지 학식만으로 지금의 신분을 갖게 된 게 틀림없습니다. 이 노선비는 지난 삼십 년을 선반 위에 놓인 신주처럼 일상생활과 거리가 먼 생활을 해왔을 겁니다. 노선비의 유일한 일은 자기 손주와 동네 아이들을 가르치는 것뿐, 나머지 시간은 모두 자신의 학문에 쓴답니다.

몇 번이고 머리를 숙여 인사를 나눈 후, 그가 정중히 내뱉은 첫 질문은 "저 여자는 나이가 몇이오?"였고, 그 다음 질문은 "결혼은 하시었소?"였답니다. 제 대답과 관계없이 노선비는 '저 여자는 이러저러한 사람과 같은 것이로군' 하며 고전에 등장하는 여인의 이름을 거론하고, '맹자 때는 말이오' 하는 식으로 그간의 학식을 드러냈어요. 자신의 지식을 증명하기 위해 그는 창밖을 향해 "여봐라, 여봐라!" 하고 사람을 부르더군요. 이내 사내아이가 나타나자 그는 뭐라고 지시를 했어요. 그러자 사내아이는 오래된 명주 보자기를 들고 들어와 조심스럽게 풀어 놓았죠. 노선비는 그 속에 싸여 있던 책을 점잖게 제 앞에 펼쳐놓고는 손톱이 길게 자란 손가락으로 조금 전 자신이 인용한 단락을 따라가며, 옛 중국의 어느 유명한 여자와 제가 닮았다는 걸 증명이라도 하듯 확신에 찬 음성으로 읽어 내려갔어요. 아, 그 여자 이름이 기억나지 않네요! 태어나자마자 정혼을 시켜 열 살이면 시집보내는 일이 흔한 나라에서 어떻게 그 여자는 제 나이가 되도록 결혼을 하지 않았을까요?

그는 제가 그림을 그리도록 한 시간 동안 앉아 있어주겠노라 약속하였어요. 이튿날 제가 노학자를 찾아갔을 때 여자들이 한 명도 보이지 않는데, 부스럭대

원산 학자와 그 제자들 The Wonsan Scholar and his Disciples 1921 채색 목판화 13×24

는 소리로 봐선 문틈으로 저를 보고 있었던 게 분명해요.

　노선비가 워낙 문자를 많이 섞어 말을 하다 보니 저를 데리고 간 한국인 통역 같은 평범한 사람은 그에 걸맞게 대답을 할 재간이 없는 듯했어요.

갖가지 옷과 머리 장식을 하고 수차례 그림을 그린 뒤에는 이 노선비와도 조금 친해졌어요.

　한번은 고맙게도 이 선비가 자기 선조들의 묘지로 저를 데려가 주었는데 정말 감동적이었어요. 집 뒤편 언덕의 무덤 자리에는 5백 년이나 된 소박한 비석들이 서 있더군요. 선비의 손자들도 따라왔는데, 결혼을 하지 않은 남자아이는 머리를 땋아 내렸고 결혼을 한 손자는 상투를 틀었어요. 손자들이 모두 신을 벗고 무릎을 꿇더군요. 그러고는 존경의 표시로 이 사내아이들은 머리가 땅에 닿도록 무덤 앞에서 절을 세 번 했어요. 당연히 여자아이들은 오지 않았고요.

　노선비는 할 말을 잃을 만큼 감격스러워했어요. 그가 환한 얼굴로 제 쪽을 돌아보더군요. 제가 노선비와 말이 통했더라면, 그는 아마 "죽어서 묻히기에는 세상에 이보다 근사한 곳이 없을 겁니다"라고 말했을 거예요. 슬픔이나 죽음의 느낌이 전혀 없는 곳이었거든요.

며칠 전에는 작업을 빨리 끝내려는 욕심에 너무 일찍 그 집에 도착했어요. 항상 어린아이 하나가 지키고 있다가 제가 오는 걸 노선비에게 알려주곤 해요. 그러면 이내 노선비가 나타나 "여보, 여보!" 하고 부르고, 저를 맞으러 언덕을 내려오는 그를 아이들 무리가 뒤따르곤 한답니다. 과거의 예절이란 그런 것이어서 노선비는

47

제가 혼자 언덕을 오르게 내버려두지 않아요.

그런데 그날은 웬일인지 "여보!" 하고 부르는데도 아무 응답이 없는 당혹스러운 상황이 벌어지는 바람에 노선비는 하는 수 없이 혼자 언덕을 내려왔어요. 약속에 늦은 통역사를 진득하게 기다려주지 않은 탓에 저도 그날은 혼자였고요.

우리는 만나서 둘 다 고개를 깊이 숙여 인사를 했죠. 노선비가 한껏 격식을 갖춘 한국식 인사말을 건넸는데 저는 한마디도 못 알아들었어요. 하는 수 없이 저는 영어로 "안녕하세요. 할아버지. 아름답기도 하셔라. 이렇게 그림 같은 분은 처음 봬요" 하고는 머리를 숙여 인사를 하는 내내 혼자 지껄여댔어요. "아이고, 사랑스럽기도 하시지! 어떻게 이보다 더 멋있을 수가 있겠어요!" 정말이지 이 노선비라면 아주 근사한 작품이 나올 것 같았어요. 그는 좁은 시골길에서 극구 저를 앞서 걸어가도록 했어요.

모델을 서면서 노선비가 입은 옷 중 하나는 8백 년 전의 복식이라고 하더군요. 그가 입었던 옷이 몇 년이나 됐는지는 모르지만요.

한번은 혼이 난 적도 있어요. 노선비가 제 그림을 갑자기 손에서 채가더니 "여보!" 하며 뭐라고 지시를 내리지 않겠어요. 저는 그림이 어떻게 될까 봐 떨고 있었죠. 아이가 거울을 가져오자 노선비는 심각한 표정으로 거울에 비친 자기 얼굴과 제 그림을 번갈아 보고는 통역에게 말했어요. "저 화가가 내 얼굴을 노랗게 그렸는데, 내 얼굴은 하얗고 분홍색이 돈다네." 저는 노선비가 모델을 그만두겠다고 하면 어쩌나 걱정이 됐죠. 기분이 상했나 보다 싶었거든요. 노선비는 다시 거울을 보더니 연신 수염을 쓸어내렸어요. 한국 사람 대부분이 그렇듯 수염이래야 듬성듬성 몇 가닥이 고작이랍니다. "내 수염은 똑바른데 어째 이렇게 그렸는고" 하며 노선비가 몇 가닥 안 되는 하얀 턱수염을 부드럽게 쓸어내리더군요. 그러고는 "귀를 이렇게 튀어나오게 그리다니!" 하며 자기 귀를 만졌어요. "내 귀는 납작해." 저는 급히 통역사에게 "수염은 똑바르게, 귀는 납작하게, 안색은 희고 분홍빛이 돌게 그리겠다고 전하세요"라고 했지요. 그리고 다시 스케치를 해 보여주었더니 흡족해하는 표정으로 제게 정중히 감사하다고 하더군요. 그는 그림을 둘둘 말아서는 천장에 매달아 귀중하게 모셔놓은 모자 상자에 담더군요. 한국에서는 모자 상자를 보통 천장에 매달거든요. 아이들 손이 닿지 않게 하려고요! 제 눈에는 상자에 든 모자보다 화려하게 채색된 모자 상자가 훨씬 예뻐 보였어요.

　한국 사람들은 예절이 아주 바르답니다. 눈이 내린 어느 날엔가는 제가 평소보다 오래 그림을 그리고 있었는데, 노선비가 극구 먹을거리를 대접하겠다고 했어요. 자기네가 먹는 대로 주는 건 예의가 아니니 외국인이 좋아하는 음식을 대접해야겠다 생각했는지, 삶은 달걀 네 개를 놋그릇에 담아 내오더군요. 얼음같이 찬 달걀을 놋숟가락으로 먹느라 얼마나 애를 썼는지 몰라요!

　마지막으로 그림을 그리러 간 날 아침, 노선비는 손자들을 가리키며 "왜 저 여자는 늘 나만 그리려 하는고?" 하더군요. 그래서 제가 통역더러 "선비님이 워낙 잘생겨서 그렇다고 전해주세요"라고 했죠. 그랬더니 그는 어린아이처럼 좋아하며 웃었어요.

장기 두는 모습을 연출해줄 나이 든 모델 두 사람을 드디어 구했어요. 그런데 이 두 노인은 노선비와 얼마나 다른지 몰라요! 특히 장기를 이기고 있던 쪽은 영 협조를 않더군요. "제발 내가 스케치하는 동안에는 움직이지 말라고, 특히 두루마기 자락 좀 가만두라고 말해줘요" 하고 통역에게 말했지요. 그랬더니 그 노인은 허허 웃으며 양손으로 두루마기를 잡고는 옷자락을 홱 잡아챘다 다시 내던지더군요. 제 상상이긴 하지만 마치 "옛다, 이 여자야" 하는 것 같았어요.

장기 두기 A Game of Chess 1936 채색 목판화 43.5×32.4

오늘 저녁에 재미있는 그릴 거리가 없나 하고 찾아다니던 중 담장 건너편에서 찢

어져라 악을 쓰는 소리가 들렸어요. 발꿈치를 바짝 들고서야 겨우 볼 수가 있었죠.

담장 너머에는 남자 둘과 여자 하나가 서 있었어요. 석양빛으로 물든 여자의 얼굴

은 아름다웠고, 머리에는 품위 있게 하얀 두건을 두르고 있었어요. 여자는 차분하

면서도 기쁨에 찬, 거의 환희에 가까운 표정을 짓고 있었죠. 전 한참 동안 발꿈치를 들고 지켜보았어요. 두 사내 중 하나는 돼지를 붙잡고 있는 듯했는데, 너무 낮은 곳이라 잘 보이진 않았어요. 다른 한 남자는 뜨거운 물이며 다른 물건들을 연신 날랐고요. 칼 가는 소리도 들렸어요. 겁에 질려 악을 쓰는 소리가 여간 소름끼치는 게 아니었는데, 제가 지켜보는 내내 여자는 보기 드문 재밋거리라도 생긴 양 줄곧 넋을 잃은 듯한 표정을 짓고 있더군요.

서울에서 쓴 편지 1

예전에 국악원 원장을 소개받은 적이 있어요. 국악원에는 궁중 악기가 많이 보관돼 있죠. 나무로 만든 특이한 모양의 북도 있고, 크기는 제각각인데 하나같이 이상한 모양으로 잘라낸, 오래된 돌로 만든 악기도 있어요. 틀을 세우고 그 안에 돌을 매다는데, 돌을 봉으로 두드리면 각기 다른 소리를 내며 완전한 음계를 만들어내요. 전 오래된 현악기를 연주하는 사람을 그림에 담았어요.

서울에서 쓴 편지 2

얼마 전에 그 연주가가 저를 한국식 만찬에 초대했어요. 예의를 지키려고 무진 애를 썼는데, 진짜 한국식답게 음식이 온통 빨간 고추로 뒤덮여 있더군요. 제가 눈물을 줄줄 흘리면서 미안하다고 말하려 하자 연주가가 여간 재미있어 하질 않았어요. 연주가와 통역사는 아주 맛있게 먹더군요.

　얼마 전에 무당이 굿하는 데를 갔었어요. 병풍이 둘러쳐져 있고 상에는 음식이 잔뜩 차려져 있었으며, 갖가지 부적이 붙어있고 촛불도 켜져 있었죠. 남자, 여자,

궁중 음악가COURT MUSICIAN, KOREA 1938 컬러 에칭 40.6×27.3

아이 들도 빼곡히 모여 있었고요. 무당이라는 여자가 한가운데 서 있었는데, 체구
가 작고 한국 남자들이 쓰는 것 같은 까만 모자에 남자들이 입는 하얀 두루마기 차
림이었어요. 치마는 푸른색과 붉은색이 도는 무척 아름다운 비단 치마였고요. 무당
은 북소리에 맞춰 미친 듯이 춤을 췄고, 어떤 남자의 조끼와 바지를 연신 공중으로
던져 올렸어요. 여자 대여섯 명이 합창하듯 "아이고, 아이고!" 하며 곡소리를 냈죠.
　　이내 무당도 곡을 하며 흐느껴 울더니, 역시나 곡을 하며 우는 다른 여자의 어
깨에 얼굴을 기댔어요. 곡을 하던 여자 중 하나는 아기를 업고 있었는데, 그 아기

까지 덩달아 울었답니다!

　정말 슬픈 일이 있나 보다 싶어 안내자에게 물었더니 죽은 지 4년이나 된 남자의 혼을 달래기 위해서래요! 이 의식은 망자가 더 좋은 곳으로 마지막 여행을 떠나기 전에 그의 영혼에 행복만을 빌어주기 위한 굿이래요. 곡하는 사람들은 우느라 얼굴이 퉁퉁 부었는데, 구경꾼들 얼굴에는 아무런 표정도 없었어요.

함흥에서 쓴 편지

장날이면 함흥은 활기를 띠어요. 줄줄이 늘어선 시골 사람들이 긴 나무 다리를 건너고, 다리 언저리에는 햇살을 머금은 파란 강물이 드리워져 있죠. 키가 크고 허리

무당THE SORCERESS 수채화

A morning gossep. Hamheung.Korea

Elizabeth Keith

아침 수다, 함흥 A MORNING GOSSIP, HAMHEUNG, KOREA 1921 채색 목판화 25.4×38.4

가 꼿꼿한 여인네들이 머리에 잔뜩 물건을 이고 날라요. 어떤 여자는 밥상 대여섯 개와 나무 접시를 이고 가는데, 너 나 할 것 없이 아름다운 붉은색 고추 다발을 이고 있더군요. 살아 있는 돼지의 다리를 동여매 이고 가는 여자도 있었고요. 옷차림은 가지각색이었는데, 겉저고리가 제가 본 것 중에 제일 짧았어요. 어린아이들 외투를 쓰개 삼아 쓴 여자들이 많았는데, 분홍색 옷고름이 달린 초록색이나 옅은 푸른색 두루마기였어요.

일본 사람들이 아무 이유도 없이 이 고도시의 아름다운 성문과 성벽을 부셔버렸답니다.

제가 지금껏 본 도시 중 유일하게 함흥에서는 전통 방식에 따라 도자기를 만들어요. 개중에는 서울의 박물관에서 본 전시품과 비교해도 손색이 없는 것들도 있고요. 원시적인 스타일의 값싼 물건이지만, 도자기 색이나 생김새는 아름답거든요. 사람들 말이 함흥 사람들은 똑똑하고 용기가 있다는데 정말 그렇게 보인답니다.

금강산 절 부엌 A Temple Kitchen, Diamond Mountains, Korea 1920 채색 목판화 26.7×34.5

3
두 여인이 금강산을 오르다

•

•

•

금강산을 오르노라면 영혼이 몸을 벗어나 구름 위를 떠다니는 것 같다던 H 씨의 말 기억하세요? 금강산을 오르다 보면 구름 위를 걷게 되는 일이 많은 것은 사실이지만, 안타깝게도 영혼이 몸을 벗어난 척을 하긴 무리네요. 오히려 그 반대죠!

지금 전 G 여사와 함께 있어요. G 여사는 의지가 확고하고 용감한 여행자예요. 스웨덴에서 온 친절한 R 양도 출발할 땐 함께였는데, 첫 번째 절까지만 갔다가 서울로 돌아갔어요.

억수같이 내리던 비가 걷힌 어느 청명한 이른 아침, 우리는 오래된 포드 자동차를 타고 한껏 들뜬 기분으로 금강산으로 향했어요. 운전사와 안내자가 딸린 탓에 일행은 모두 다섯이었는데, 다섯 명 모두 차에서 내려 그 대단한 포드를 도랑 바깥으로 밀어야 하는 일도 있었죠.

절에서는 장판지로 덮은 온돌방에서 잠을 자게 돼요. 장판지는 기름을 먹인 종이인데, 색깔은 짙은 꿀 빛깔의 노란색이고 흔히 볼 수 있어요. 여느 한국 집이 그렇듯이 바깥 날씨가 아무리 추워도 방바닥은 퍽 따듯해요.

이 절은 8백 년 전에 중국에서 온 사람들이 지었다는군요. 언니가 이곳에 온다면 속세를 떠난 기분이 들었을 거예요. 물론 실제로 그렇기도 하고요. 스님들을 빼고 절에 있는 나머지는 모두 불공을 드리러 온 사람들이에요. 세상을 위한 기도인지 자신을 위한 기도인지는 모르겠지만, 이 사람들은 왠지 속세에 초연할 것 같은 느낌이 들어요.

절에서는 주로 쌀밥을 주는데, 넓적하게 만들어 설탕을 뿌린 해초도 같이 나와요. 피클은 김치고요.

아름다운 사찰 건물은 아늑한 고지대 한구석의 바위가 많은 산등성이에 자리해 있는데, 마치 바람에 실려왔거나 새들이 지은 절 같아요. 기와지붕이고 처마 끝은 살짝 위로 올라가 있죠. 절 내부는 해마다 칠을 새로 하는 데다 갖가지 색으로 칠해져 있어서 아주 밝은 느낌일 때가 많아요. 불상도 밝디밝은 초록색, 청색, 오렌지색으로 다시 칠을 하곤 해요.

티끌 하나 없이 깨끗하고 넓은 사찰 부엌은 참으로 매력적이에요. 벽을 등진 곳에는 무쇠나 동으로 만든 커다란 밥솥이 설치돼 있고, 부엌 용품은 구리나 놋으로 만들죠. 우연히 문이 열려 있을 때 부엌 앞을 지나친 적이 있는데, 마침 해질녘이었어요. 하얀색 옷을 입은 사내아이가 물동이를 머리에 인 채 긴 복도를 걸어가고 있었고, 아이의 등 뒤로는 햇빛이 비추었지요. 다른 한 사내아이는 아궁이에 불을 지피고 있었는데, 아이의 하얀 옷에 아궁이 불이 반사돼 옷이 주홍색으로 반짝였어요. 상투를 튼 지긋한 나이의 남자는 커다란 밥솥을 휘휘 젓고 있었고요. 흰바지와 초록색 윗도리 차림에 모자도 쓰지 않은 걸로 봐서 그 사내는 하인인 듯했어요. 솥에서는 김이 무럭무럭 올라왔고, 벽 위쪽에는 부엌 수호신의 형상이 아름답게 채색돼 있었어요. 어느 부엌에나 밥솥 위에는 화려하게 채색된, 예스러운 디자인의 그림이 그려져 있답니다.

오늘 저녁에 스님들이 식사하는 모습을 살짝 들여다봤는데요, 각자 밥그릇을 하나씩 들고 거기에 음식을 죄다 담아서 먹더라고요. 붉은빛이 도는 근사한 나무로 만든 밥그릇이었죠. 꼬박꼬박 닦아준 덕분에 밥그릇에서 반짝반짝 윤이 났어요. 모양도 참 아름다웠고요. 전 그렇게 식사를 빨리하는 건 처음 봤어요. 눈 깜짝할 새에 밥그릇을 비우더라고요. 그러고는 각자 그릇을 씻고 문지르고 윤을 낸 후, 마른 천에 싸서 선반 위에 올려놓았어요. 음식은 쌀밥과 피클뿐이고, 차는 마시지 않았어요.

일본에서와 마찬가지로, 우리가 머문 어느 절에서나 불공드리는 소리와 종 치는 소리에 아침 잠을 깨곤 했답니다.

우리들의 고생길은 첫 번째 절을 떠나면서부터 시작됐어요. 우리는 짐꾼 한 명과 한국인 목사 한 분을 안내자로 대동했지요. 안내자는 미국식 영어를 썩 잘했는데, 우리가 여정의 반쯤을 지나온 어느 날, "자, 이제부터는 저 없이도 수월하실 겁니다. 위험한 곳은 다 지났으니 짐꾼만 따라가시면 됩니다" 하더군요. 안내를 해준 목사에게 돈을 쥐어주고 서로 행운을 빌며 악수를 건넸는데, '아, 이제부터 고생 시작이겠구나' 하는 생각이 뼛속 깊이 느껴지더라고요.

안내인이 우리를 남겨놓고 떠난 절에서 그날 온종일과 이튿날 밤을 보냈답니다. 낮이고 밤이고 빗줄기가 끊이질 않았어요. 우리는 여승들이 지내는 곳에 들렀는데, 삭발한 여인들의 고운 얼굴을 보자 기분이 좋아졌어요. 여승들은 아주 다정했고 남자 스님들과는 전혀 달랐어요.

우리들의 착한 짐꾼은 영어를 몰랐고 우리는 한국말을 몰랐어요. 다음 날 아침, 짐꾼이 절간 입구에 왔을 때까지도 가랑비가 내리고 있었죠. 우리는 아무것도 모른 채 그저 짐꾼을 따라갔어요. 쌀밥과 깡통에 든 소시지를 아침 삼아 먹고 차를 마셨어요. 먹을거리는 점점 떨어져가고 있었죠. 몇 개 안 남은 소시지를 밥덩어리

금강산, 천상의 환상 The Diamond Mountains, A Fantasy 1921 채색 목판화 17.6×36.5

속에 넣었는데, 이보다 더 입맛 떨어지는 음식이 또 있을까 싶더라고요. 짐꾼은 영국산 통가죽으로 만든 제 가방을 마치 새털이라도 되는 양 집어들었어요. 우리 두 사람 짐은 등에 맨 지게◉ 위에 올려져 있었고요.

그 늙은 짐꾼의 따뜻한 마음씨는 잊을 수가 없어요. 우리가 험하디험한 언덕을 오를 때면 미소와 몸짓으로 줄곧 우리를 격려해주었죠. 온종일 빗줄기가 드세만지고, 절이라고는 하나도 만나질 못했어요. 돌풍까지 몰아쳤고요. 그러다 다리 비슷한 것조차 없는 개울가에 다다랐어요. 억수같이 내리는 비에 불어난 냇물은 황톳빛으로 바뀐 채 격류를 일으키고 있었죠. 처음으로 겁이 났어요. 그러다 큰 돌풍이 몰아치면서 산봉우리에 드리웠던 신비스러운 운무가 쓸려 내려갔는데, 그 광경이 어찌나 장관인지 겁에 질린 와중에도 꼼짝 않고 서서 감탄해 마지 않았답니다.

아무리 위험한 상황이라도 그런 비경을 놓칠 수는 없었죠. 산봉우리는 한순간 커다란 대성당의 돔 같았다가, 이내 삐죽 솟은 첨탑으로 바뀌었어요. 전나무와 가문비나무의 배열은 빼어난 중국 족자를 그대로 옮겨놓은 듯했고요. 매번 이 운무의 효과를 결정짓는 건 바람이 어떻게 변덕을 부리느냐였어요. 산을 오르면서 마주한 그 아름다움은 정말 뜻밖의 경이로움이었어요.

소용돌이치는 여울목을 네 번째쯤 건너야 했을 땐 심장이 내려앉는 것 같았어요. 급류를 열네 번씩이나 건너게 되리란 말을 아무도 안 해준 게 오히려 다행이었죠! 한번은 징검다리 돌을 디뎠다가 그만 발이 미끄러졌지 뭐예요. 여차하면 날 잡아줘야지 하고 짐꾼이 미리 태세를 취하고 있던 터라 다행히 빠지진 않았지만, 나중에 짐꾼이 통역에게 전한 말로는 하마터면 절 놓칠 뻔했다더군요.

제 뒤로는 G 여사가 마치 군인처럼 씩씩하게 걸어오고 있었어요. 솔직히 전

◉ 지게는 한국에서 짐을 나르는 도구다. 자기 몸집의 몇 배나 되는 짐을 진 짐꾼들을 전국 어디에서나 볼 수 있다. 한국 짐꾼이 지는 짐 무게는 옛날부터 알아준다고 한다.

때로 겁이 나곤 했는데, G 여사는 진정한 영국인답게 전혀 두려운 기색도 없었고 좀체 피곤해하지도 않았어요. 그 기개가 얼마나 존경스럽던지요! 난데없이 무릎까지 물에 빠지는 통에 전 이까지 덜덜 떨고 있었거든요. 다음 여울목에 도착하자, 짐꾼이 다정한 미소를 지으며 짐을 내려놓더니 갖가지 몸짓을 동원해 저더러 자기 등에 업히라고 하더군요. 얼마나 창피하던지요. 아마 전 백 살이 돼도, 그 가느다란 목에 매달렸을 때의 느낌과 제 손을 스치던 거친 수염을 잊지 못할 겁니다.

말도 안 되게 홀딱 젖은 데다 배도 고프고 이까지 덜덜 떨리던, 그야말로 만화의 한 장면 같던 우리들의 모습을 생각하면 웃음이 나네요. 제가 어떤 모습이었는지는 G 여사를 보면서 알 수 있었죠. 등산을 하려면 꼭 밑창이 두툼한 남자 장화를 신어야 한다고 G 여사가 고집을 부렸었거든요. 이 차분하고 자그마한 여인네가 체구도 작은 짐꾼의 팔과 옆구리 사이로 그 커다란 장화를 삐죽 내민 채 등에 업힌 모습을 떠올려보세요. 흘러내리듯 망사가 드리워진, 한때는 우아하던 그녀의 모자는 마치 교태를 부리는 버섯처럼 이쪽저쪽으로 미끄러져 내렸어요. 평소에 단정하고 예쁘게 곱슬거리던 그녀의 하얀 머리칼은 제멋대로 바람에 날리고 있었고요. 한번은 길을 건너다 말고 큰 바위 뒤로 달려가서 발작이라도 하듯 원 없이 웃어 젖혔답니다.

G 부인의 우산 이야기도 해야겠군요. 짐꾼이 처음 저를 업고 냇물을 건넜을 때, 그는 G 부인의 우산을 지팡이 삼아 짚고 있었어요. 그 우산에 대해서는 익히 말을 들은 터였지요. 여러 해 전 G 부인의 남편이 아내를 위해 프랑스에서 사온 우산이었는데, 우산살도 제대로 된 프랑스산인 데다 여러가지로 꽤 괜찮은 게 정말 좋아 보였어요. 분개한 우산 주인은 냇가를 건너자마자 제일 먼저 우산부터 돌려받고는 이런 일 따위에 자기 우산을 썼다며 맹비난을 퍼부었죠. "이따위 일에 쓸 생각을 하다니요!" 다행히 제가 스케치하러 다닐 때 쓰는 우산은 G 부인의 우산 못지않게 튼튼하면서도 개인사에서 중요성은 없던 물건이라, 그 뒤로는 짐꾼이 제 우산을 썼답니다!

비가 또 퍼붓기 시작해서 제가 다시 우산을 들게 됐어요. 그런데 갑자기 돌풍에 휩쓸려 우산이 제 손을 빠져나가고 말았지요. 제 우산은 홀랑 뒤집어진 채로 바람을 타고 바위와 격류 너머로 날아가 버리더군요. 짐꾼은 그때 큰일이다 싶었나 봐요. 제 의사를 잘못 이해한 짐꾼이 우산을 쫓아 달리기 시작했어요. 그는 울퉁불퉁한 바위를 풀쩍풀쩍 뛰어넘고 물웅덩이와 냇물까지 기적적으로 피하며 우산을 쫓아갔어요. 그토록 짐꾼이 애를 쓰고 있었는데, 제가 소리를 치면 칠수록 되레 그 사람은 제가 우산을 꼭 찾고 싶은가 하고 더 확신을 하는 눈치였어요. 저는 그저 속절없이 서서 짐꾼이 다시 돌아와야 할 텐데 하고 기다릴 수밖에 없었답니다. 아무래도 다시 못 돌아올 것만 같았는데, 혹여 그가 길을 잃기라도 하면 우리로서는 절망이었죠. 우리는 짐꾼의 도움 없이는 되돌아갈 수도 나아갈 수도 없었거든요. G 여사도 우리가 처한 위험을 직시하고 있었지만, 당시에는 서로 한마디도 하지 않았어요. 바람에 날아간 우산을 경중경중 날다시피 쫓아가는 짐꾼을 보니, 어렸을 때 좋아했던 월터 크레인의 그림이 떠오르더군요. 끔찍한 일이 벌어질 가능성과 산 속에서 길을 잃은 사람들의 이야기도 머리를 스쳤고요. 그런데 그 순간 이제는 못 쓰게 돼버린 우산을 주워 든 채 개선장군 같은 모습으로 짐꾼이 돌아오는 게 아니겠어요. 그 사람이 망가진 우산을 끝까지 들고 다니기에 제가 우산을 가지시라고 했더니 고맙다며 몇 번이나 고개를 숙여 인사했어요. 망가지긴 했어도 외국제 우산은 귀한 물건이거든요!

우리가 한 번 건널 때마다 짐꾼은 세 번씩 왕복을 해야 했어요. 그런데도 산을 오르고 길을 건너는 내내 그 사람은 전혀 피곤해하지도 않고 부루퉁해 있거나 마뜩잖아 하는 모습도 보이지 않았어요. 한결같이 침착하고 용감하고 친절하고, 또 사려 깊고 잘 참아주는 데다, 성실하고 다정하기까지 했죠. 만약 한국에 그런 사람이 많다면, 한국은 정말 축복받은 나라예요.

마침내 우리는 커다란 바위 앞에 이르렀어요. 바위에 엄청나게 큰 불상이 조각돼 있는 걸 보고 우리는 절이 멀지 않았구나 싶었죠. 절에 도착했을 때의 그 안

도감과 온기, 생명과 인간애가 주는 기쁨은 이루 말할 수 없이 컸답니다. 스님들은 우리를 친절히 맞아주었어요. 따뜻하게 불을 땐 방으로 우리를 안내하고 뜨거운 차를 가져다주었죠. 비에 젖은 옷을 바닥에 널어놓기까지 했으니 꼴이 말이 아니었어요. 이불은 물론이고 가방에 든 물건까지 몽땅 젖었더군요. 저는 녹초가 돼서 말할 기력도 없이 그대로 따뜻한 방바닥에 쓰러졌어요. 그런데 불과 삼십 분도 안 돼 벌떡 일어나서는 "이제 완전히 괜찮아졌어요" 하고 말했죠. 방바닥에서 올라오는 온기에 뼛속까지 따뜻해지더라고요. 세상에 따뜻한 바닥만큼 편안한 게 또 있을까요. 로마인들은 정말 현명했나 봅니다!

그 뒤로 특별한 사건은 없었어요. 마침내 일본인들이 운영하는 현대식 호텔에 도착했고, 거기서부터는 자동차로 산을 내려왔죠. 호텔에서 기차역까지 가는 길이 오르락내리락 굽이져 있어, 산을 돌아나오는 동안 작은 산중 마을을 여럿 볼 수 있었어요. 작은 집들마다 밥을 짓고 있어서 장작 타는 냄새가 그득했어요. 더는 겁먹을 일도 없었고 우린 즐겁게 웃으며 산을 내려왔어요.

이윽고 기차역에 도착하자 제복을 입은 사람이 나와 우리쪽 운전기사와 한참 이야기를 주고받았어요. 우리는 호텔에 들어갈 때 이미 이름과 다른 구체적인 사항을 모두 써낸 터였는데, 이 관료적인 젊은 남자가 노상 하던 질문을 또다시 읊어내리더군요. 관리가 첫 질문을 반복했어요. "나이가 몇입니까?" 그러자 G 여사는, 실은 예순넷이라는 나이를 자랑스럽게 생각하면서도, 온화한 목소리로 "숙녀에게 그런 무례한 질문이 어디 있어요?"라고 대답했죠. 그런데도 위세 부리는 게 좋았던지 그 관리가 질문을 계속했어요. "어디어디 갔었습니까? 여기 온 목적은 뭡니까? 어디서 오는 길이지요?" 이번에는 G 여사가 "당신이 그걸 왜 알아야 하나요?" 하고 말했어요. 그런데도 그 관리가 "미국 사람입니까?"라고 묻자, G 여사는 "천만에요!" 하고 날카롭게 쏘아붙였어요. 그 관리는 분명 G 여사의 말을 한 마디도 못 알아들었을 테고, 앞으로도 오가는 여행객들을 죄다 붙잡고 계속 그런 바보 같은 질문을 해대겠죠.

청각 장애가 있지만 아름다운 영혼을 가지고 있던 일본 청년이 죽었어요. 언니를 만나보라고 그 청년을 런던에 보냈던 일은 기억하시겠지만, 그 청년이 살아온 이야기를 들려드린 적은 없었네요. 그 청년은 청각 장애를 가졌지만 점자를 배워서 의사소통이 가능했어요. 그는 그게 너무나 감사한 나머지 한국의 농아들에게 점자를 가르치는 일에 일생을 바치기로 했죠. 그런데 한국인을 싫어했던, 청년의 아버지는 그 얘기에 몹시 화를 내면서 자신은 백만장자물론 엔화로요임에도 더 이상 아들을 부양하지 않겠다고 했어요. 결국 그는 아주 가난해졌죠.

그는 못생겼지만, 인상이 부드럽고 마치 성자처럼 다른 사람의 시선을 끄는 매력이 있어요. 저는 서울에서 우연히 친구네 집 앞을 지나다가 그 청년을 처음 봤어요. 그런데 그가 함부로 대접받고 있더라고요. 그 집 하인은 청년의 말투가 이상한 이유가 청각 장애 때문이라는 걸 몰랐나 봐요. 제가 가던 길을 멈추고 사정을 설명해줬더니, 청년은 그 작은 친절에 대해 제가 민망할 정도로 고마워했어요. 그후 청년은 가끔 저를 찾아와서 자기가 하는 일을 이야기하곤 했답니다.

그는 대단한 위인 숭배자였는데, 자기한테 아주 친절하게 대해주는 일본인 친구가 있다며 저랑 R 양더러 꼭 만나보라고 하더군요. 하루는 '즐거운 행사'에 긴히 우리를 초대한다고 해서 딱히 내키진 않았지만 그러마 하고 승낙을 했어요. 점자를 가르치는 제자들 모임에 우리를 초대하려나 보다 했죠.

전차도 타고 걷기도 하며 꽤 오래 걸려서 서울의 어느 생소한 마을에 도착했어요. 가는 내내 청년은 초조하게 뒤를 돌아보며 우리가 잘 따라오나 눈치를 살피더군요. 마침내 그 일본인이 사는 커다란 서양식 집까지 우리를 안내하고는 청년이 얼마나 즐거워하던지요.

우리는 영어를 유창하게 구사하는 부유한 일본인의 집으로 안내되었어요. 일본 사람들이 으레 하는 식으로 한 시간 반을 기다린 후에, 예상했던 농아 교실이 아니라 특별한 중국식 만찬에 주빈으로 자리하게 되었죠. 아름답고 푸짐하게 차려진 음식들을 세 시간에 걸쳐 대접받았어요. 다른 손님들은 한 사람만 빼고 모두 일본 남자였는데, 다들 최고급 비단으로 지은 하오리●와 하카마●를 입었더군요. 킬킬거리며 우리를 맞이한 일본 여자들은 다른 방으로 물러났고요. 식사 자리에서 대화를 이끌어야 할 부담이 온통 저에게로 쏠려 있다는 사실을 깨달았죠. 이 일본 남자들은 서양 여자와 대화를 나눠본 적이 전혀 없는 듯했어요. R 양과 저를 제외하면 외국인은 제 옆에 앉았던 단 한 사람뿐이었는데, 유난히 머리숱이 많은 이 금발의 외국인은 머리 스타일로 보건대 러시아인이 아닐까 싶었어요.

만찬이 시작되자 어색한 침묵이 흘렀어요. 평소 같았으면 절대 하지 않았을 질문이지만, 저는 그 외국인에게 어느 나라 사람이냐고 물었죠. 그랬더니 그 사람이 발끈해서는 언성을 높여 "나는 독일 사람이요!" 하는데, 낯빛까지 시뻘게졌더라고요.● 순간 분위기가 얼어붙었죠. 일본인 두 명이 겸연쩍게 웃고서야 괜찮아졌지만요. 주인은 걱정스런 얼굴로 저를 쳐다봤어요. 저는 천연덕스럽게 "아, 그러시군요! 저는 영국 사람이랍니다" 하고는 이야기를 계속했죠. 나중에 안 사실이지만, 그 사람은 삼 주 전에 초대장을 받아 그날 모임에 왔대요. 그런데 문전에서 주인이 한다는 말이, 영국 여자가 독일 사람을 싫어할지 모르니 안 들어오시는 게 좋겠다고 했다는군요.

조금 지나고부터는 대화가 수월해졌어요. 저는 R 양도 저도 만찬 초대인지 전

● 하오리羽織는 기모노 위에 걸쳐 입는 겉옷으로, 방한이나 예의를 갖추기 위해 입는다.
● 하카마袴는 허리에서 발목까지 오는 일본의 전통 의상으로, 치마와 바지 두 종류가 있다.
◉ 몇 년 뒤 미국에서 이 독일인이 내 전시회를 찾았다. 그러면서 자기가 그때 그 사람이라고 밝혔다.

혀 몰랐다며 미리 알았으면 어울리게 차려입었을 것이라고 했죠. 그 독일 남자는 러시아에서 전쟁 포로로 잡혀 있었을 때의 이야기를 했어요. 이 일본인 집주인과는 블라디보스토크에서 만났는데, 두 사람 다 건축에 취미가 있어서 친구가 됐대요. 그 독일인은 몽골에서 찍은 멋진 사진도 보여줬는데, 외부에는 잘 알려지지 않은 부족이라더군요. 그는 이 부족의 언어를 배우고 풍습을 연구했대요.◉ 그 사람의 경험담은 모두 특이한 것뿐이었답니다. 일본인은 언제나 다른 사람의 이야기를 잘 들어주는 데다 언니도 알다시피 외국인들을 대접하기 좋아해서, 조금 피곤하긴 했지만 우리도 재미있는 저녁 시간을 보냈어요. 성대한 만찬이 끝날 무렵에는 다들 좋은 친구가 되었죠. 청년은 자기 친구들을 한자리에 불러모았다는 사실에 여간 기뻐하지 않았어요.

서울에서 쓴 편지 3

서울에서 처음 연 전시회는 대성공이었어요. 일본 총독 부인부터 학생들까지 모두 왔죠. 그날 전시회가 끝날 즈음에는 김치 냄새가 진동했어요! 한국 사람들이 제 그림에 관심이 있다는 걸로 그만한 증거가 또 어디 있겠어요?

　　대부분 과거에 양반 신분이던 한국의 노신사들이 내 그림을 하나하나 주의 깊게 음미하는 모습을 바라보고 있자니 얼마나 기분이 좋던지요. 사람들 말로는 결혼식, 장례식, 추모객 등 한국인의 친숙한 모습을 그린 전시회가 이전까지 한 번도 없었다고 해요. 어찌 되었건 한국 사람들이 아주 좋아하는 듯했어요. 일본인이나

◉　나중에 들으니, 이 집이 불에 타서 잿더미가 되는 바람에 이 독일인이 찍은 사진도 다 타버렸다고 한다.

절하는 한국 여자 Korean Woman Bowing 수채화 20×26 Berretti 소장

한국인 선생을 따라서 어린 한국 학생들도 줄지어 관람을 했답니다.

한국에 사는 외국인 중에는 선교사가 제일 많다 보니 외국인 방문객은 대부분 선교사였어요. 선교사들은 자기네가 사랑하는 한국인의 모습을 세상에 보여준다는 점에서 대단히 기뻐했고요.

외지인의 눈에 비친 자기네들의 모습에 많은 한국인들이 좀 어리둥절해했어요. 전반적으로는 일본인들이 그림의 예술성을 가장 잘 이해하는 듯했고요.

전시회 중에 편지를 많이 받았는데, 가장 좋았던 편지 한 통을 소개할게요.

──────

존경하는 여사님,

이렇게 그림을 볼 수 있게 해주셔서 고맙습니다. 인상 깊게 감상했습니다. 여사님의 그림은 표현이 생생할 뿐 아니라 동양인의 감정을 정확히 포착했더군요. 여사님의 그림에서 일본화풍이 느껴졌습니다. 그렇게 생각하지 않으세요?

저도 제 자신만의 그림을 몇 점 가지고 있습니다. 감히 말씀드리자면 아주 흥미롭고 아름다운 그림들이지요. 하지만 보여드릴 수가 없네요. 그 그림들은 제 마음속 벽에 걸려 있으니까요. 정말입니다. 하지만 그 그림을 화폭에 옮길 수가 없어요. 제가 도저히 닿을 수 없는 곳에 있기 때문이지요.

개중에는 우리나라의 아름다운 소녀들을 그린 그림도 있습니다. 그 소녀들 앞에 서면 어떤 때는 제 자신을 잊기도 하고, 또 어떤 때는 사랑하는 감정에 북받쳐 뺨을 타고 눈물이 흐르기도 하지요. 소녀들의 얼굴은 너무나 아름답습니다.

동해 연안에 가본 적이 있으신가요? 아직 못 가셨다면 한번 가보시길 권해드립니다. 태평양과 다르게 깊고 푸른 동해에는 짙은 보랏빛 봉우리가 우뚝 서 있고, 봉우리 아래에는 눈 같이 하얀 파도가 몰아치지요. 밭에서는 어여쁜 소녀들이 깔깔대며 즐거이 일을 하고, 바닷가에서는 등이 넓은 어부들이 큰소리로 노래를 부르며 배를 몬답니다.

다음 전시회 때 꼭 연락주시길, 간곡히 부탁드리며……. 안녕히 계십시오.

파란 모자 쓴 여자 WOMAN WITH BLUE HAT 수채화 22×30 BERRETTI 소장

노란 저고리와 검정 치마를 입은 여자 WOMAN IN YELLOW AND BLACK 수채화 16×19 BERRETTI 소장

중국
CHINA

·
·
·

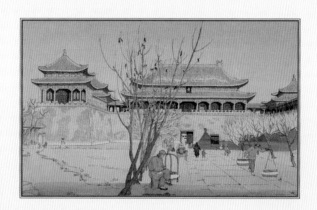

북경의 자금성 성벽 Forbidden City Wall, Peking 1935 채 색 목판화 25.4×38.1 JJ Bland 소장

4
북경 시내 풍경과 라마교인

·
·
·

북경에서 쓴 편지 1

북경의 무엇이 제 마음을 이렇게 뒤흔들어 놓았는지 처음에는 깨닫지 못한 탓에 언니에게 좀 더 일찍 편지를 쓰지 못했습니다. 북경의 유구함과 웅장함 그리고 수려함에 대해서는 예상했지만, 그 색채에 대해선 전혀 생각도 못했었어요. 북경은 저를 완전히 압도합니다. 잠을 못 이룰 정도로요. 이런저런 인상이 밀려들며 저를 들뜨게 해요. 알고 싶은 열망을 걷잡을 수가 없네요.

껌벅거리는 불빛에 어른대는 웅장한 성벽을 처음 본 건 밤이었어요. 길에는 허름한 차림의 사내들이 끄는 인력거가 줄줄이 지나가고 있었고, 우리는 노점 주위로 몰려든 사람들 곁을 지나고 있었어요. 매혹적인 등불이 밝아졌다 흐려졌다 하며 사람들의 어두운 얼굴을 비췄고, 순간적으로 따뜻하고 즐거운 표정이 보이곤 했답니다.

제가 받은 인상과 감정이 희열에 가깝도록 강한 탓에 그 감상을 화폭에 옮기는 것조차 고역입니다. 남은 시간이라고는 몇 주가 고작인데, 조각 장식이 들어간 상점 전면과 바람에 나부끼는 매력적인 깃발, 색이 벗겨진 패루牌樓와 사원의 색

북경의 자금성 대문FORBIDDEN CITY WALL, PEKING 1935 채색 목판화 38×25.5

바랜 주홍빛 담장을 어떻게 다 화폭에 담을 수 있겠어요? 그 색채의 아름다움이
란! 색채가 주는 놀라운 효과 때문에 건물의 크기와 선이 주는 아름다움도 열 배나
더 커지는 것 같아요.

이곳의 날씨는 아주 추우면서도 밝고 해가 쨍쨍하고 또 건조합니다. 모든 건
물이 햇살 아래서 뚜렷한 자태를 드러내며 서 있지요. 문은 밝은 녹색과 적색 그리
고 청색으로 칠해져 있고, 외벽은 회색입니다. 사원은 밝은 노란색 타일과 붉은빛
이 도는 주홍색 벽으로 장식돼 있어요. 낙타들은 근사한 출입구 아래에 자기들만

다니는 특별한 통로로 먼지가 자욱한 길을 따라 줄지어 이동하고요. 낙타의 움직임을 어느 누가 제대로 묘사할 수 있을까요? 어마어마한 짐을 짊어진 채 행진하는 그 자신만만함과 거만하게 멸시하는 듯한 표정을 누가 그려낼 수 있을까요? 낙타는 나이도 먹지 않고 저 멀리 아득한 곳에 있는 것 같아요.

외국인들이 사는 구역은 면적이 작고 자금성 가까이에 있습니다. 하지만 우리가 '소사이어티Society'라고 부르는 이곳만큼 세계 각국이 혼재한 소우주는 세상 어디에도 없을 거예요. 이 모든 것들이 대체 중국과 무슨 관계인가 하고 자문하게 되더군요. '푸른 하늘이라는 지붕 아래에서' '성마르고 작은 날벌레처럼 제자리를 맴돌고' 있어요. 서구식의 들뜬 분위기, 경마, 저녁 만찬, 브리지 파티. 그네들만의 리듬에 맞춰 돌아가는 우호적이고 여유로운 사회. 손에 닿을 듯 가깝지만 제각기 동떨어진 사회……. 이게 뭘까요? 전 이게 뭔지 알고 싶어요. 세상 그 무엇보다도 더 이곳의 실체가 궁금해지네요.

제 마음이 요동치는 것은 오랜 역사를 지닌 중국의 아름다움 때문만은 아닙니다. 그 아름다움에 대한 제 감상을 표현하고픈 열망 때문이기도 해요. 하지만 작은 날벌레처럼 춤추기를 멈추지 않는 이곳에서 어떻게 작품 활동을 할 수 있겠어요?

손발이 묶인 듯 좌절감이 들고 버려진 느낌도 들지만, 설사 남은 10주가 전부래도 절망하지 않고 열심히 해볼 작정입니다. 중국 고대 문화의 위대함 앞에서 겸허해지려고요. 그리고 언젠가 다시 한 번 더 이곳에 와야겠어요.

북경에서 쓴 편지 2

오늘 처음 외국인 구역을 벗어나 북경을 돌아다녔어요. 얼마나 황홀하던지요. 달빛이 교교히 비추었고 별들도 원산에서처럼 아름답게 반짝였어요.

외국인들이 '피커딜리'라고 부르는 지역을 지나갔는데, 집들이 땅에 들러붙

Night Scene. Peking.

녹경의 야경 Night Scene, Peking 1922 채색 목판화 24×36

어 있다시피 하거나 아주 높거나 둘 중 하나였어요. 창틀이 나무로 꽤 두툼하게 짜여 있었고 창호지도 두꺼운 편이었는데, 종이 창문 너머로 은은하게 불빛이 새어나오더군요. 가게마다 놓인 자몽처럼 큰 감은 불빛을 받아 황금색이 도는 붉은빛으로 반짝이고 있었어요. 이 모든 장면을 스케치하기로 작정했으니 밤낮없이 이곳을 맴돌아야 할까 봐요.

얼마 전에는 인력거꾼더러 아주 천천히 가라고 이르고는 이곳을 지나쳤는데, 옷으로 몸을 둘러싸다시피 한 자그마한 노파가 팔에 통을 하나 걸고 걸어가더군요. 그때 그 여자가 지나가던 길에 빵집이 있었는데, 끓는 기름에 살짝 튀겨 한껏 구미를 당기는 꽈배기를 팔고 있었어요. 다른 음식들도 접시에 그득히 담겨 진열이 돼 있었고요. 그런데 그 자그마한 여자가 잽싸게 음식 두어 점을 슬쩍하더니 들고 있던 통에 담고는 종종걸음을 치지 뭐예요. 인력거꾼과 저 둘 다 이 장면을 목격하고는 웃음을 터트렸어요. 장난삼아 제가 소리쳤죠. "이봐요, 지금 무슨 짓이에요. 세상에, 도둑질은 나쁜 짓이라고요. 이리 와봐요!" 그 소리에 노파가 우리 쪽을 돌아보더군요. 우린 웃고 있었죠. '걸린' 표정이 하도 웃겨서 인력거꾼은 껄껄대며 웃었어요. 우리가 장난삼아 그런다는 걸 눈치채자 마음이 놓였는지, 노파는 아주 천연덕스런 표정으로 하늘을 쓱 올려다보는 척을 하고는 뭘 보고 그리 웃느냐는 얼굴로 주위를 두리번거렸어요.

며칠 전에는 어린아이들을 스케치할까 하고 아주 큰 광장에 갔어요. 한 남자가 한가로이 손목에 새를 올려놓고 있었는데, 북경에서는 흔히들 그렇게 하는 걸 즐기나 봐요. 그 주위로 구경꾼들이 꽤 몰려 있었죠. 그중 몇몇을 스케치하려고 했는데 개중엔 스님도 한 분 계셨어요. 그러나 제가 무얼 하는지 눈치를 채는 즉시 다들 내빼버리더군요. 다급한 마음에 제가 영어로 소리쳤죠. "이런, 모델을 해 줄 사람이 단 한 명도 없단 말인가요?" 대답은 기대도 못했는데, 바로 등 뒤에서 누군가가 유창한 영어로 말했어요. "부인, 제가 도와드리리다. 우리 아들을 그리세요." 돌아보니 중국식 복장을 한 잘생긴 젊은이가 서 있더군요. 그는 외국인 선교사 학교에서 일을 한다고 했어요. 우리는 다음 날 아침에 만나기로 약속했어요.

그 중국인과 아내는 어린 아들을 아주 자랑스러워했는데, 아들 녀석이 성품도 좋아요. 아이는 병원에서 태어났고 위생 관리도 외국 아이들처럼 서양식으로 받고 있죠. 처음 그 아이를 만난 날, 옷은 중국식인데, 세상에! 모자는 서양식으로 썼더라고요. 현대의 상징인 그 모자로는 그림을 망칠 것 같아 우리는 중국 전통 모자를 빌렸어요.

그러다 서로 친해졌고, 하루는 이 친절한 부부가 제게 맛있는 식사를 대접하겠다고 했어요. 집에 가니 방 안은 어두침침하고 바닥에는 카펫도 깔려 있지 않았어요. 중국의 이 지저분한 바닥에는 좀처럼 익숙해지지 않을 것 않아요. 물론 방안을 볼 기회가 아직 많지는 않았지만요. 하지만 여태껏 제가 본 중국의 방바닥은 먼지 하나 없이 깔끔한 한국이나 일본의 바닥과는 너무나 대조적이었어요.

북경에서 쓴 편지 3

한국에서 만난 똑똑한 영국 소녀가 이곳에 와 있어요. 그 아이는 중국에 대해서 놀랄 만큼 잘 알고 있더군요. 함께 라마 사원을 보러 갔었어요. 언니도 아시겠지만, 라마교는 티베트의 불교 종파예요.

전통 영국식 마차에 나란히 앉아 먼지 나는 흙길을 조용히 달리는 동안, 우리는 우아하고 높은 패루와 아치문을 여럿 지나쳤어요. 사원에 도착하자 늘 그렇듯 입구에 걸인들이 있더군요. 손가락이 뭉툭하고 얼굴이 일그러진 한센병 환자 한 명이 제게 바짝 다가왔어요. 이건 흔한 수법인데, 이렇게 하면 사람들이 걸인을 쫓

옛날 옷을 입은 중국 어린이|Young Old China 1922 채색 목판화 24.1×36.8

Young old China.

라마 사원, 북경 Lama Temple, Peking 1922 채색 목판화 36.2×24.1

느라 돈을 내놓거든요.

　문 위에 영어로 '오피스Office'라고 적힌 창구로 가서 입장료 50센트를 내고 들어갔어요. 일단 안으로 들어서자 사람들을 괴롭히는 무리가 없더군요. 마침 특별한 예불이 있는 날이라 잘됐다 싶었죠. 라마 승려들은 가운데가 높이 솟은 노란색 모자를 쓰는데, 우습게도 로마 군인들의 모자와 비슷하답니다. 재질은 낙타 털로 광택이 없는 두툼한 벨벳 같아요. 모자 깃은 빳빳한 털을 붙여 만들기 때문에 새 모자일 경우에는 수탉 벼슬처럼 빳빳하게 서 있지만, 오래된 것은 털이 부드러워져서 한쪽으로 눕기도 해요. 그렇더라도 어느 모자 할 것 없이 아주 근사하답니

제 례 복 을 입 은 라마 승려 Lama Priest in Ceremonial Dress 1922 채색 목판화 23.7×35.7

Lama Priest
in Ceremonial dress
Elizabeth Keith.

다. 모자 무게는 꽤 무겁고요.

임시로 만들어놓은 고풍스러운 모양의 흰색 석고 제단 위에는 불이 지펴져 있었어요. 제단 앞에는 복사服事 노릇을 하는 사내아이들이 있었는데, 티베트식으로 입은 그 아이들은 아주 더럽기 짝이 없는 꼴로 마당에 있는 차가운 돌 위에 줄지어 앉아 있었어요.

높게 솟은 노란 모자를 쓰고 후줄근하고 지저분한 빨간색 담요●를 든 라마승들이 꽹과리를 치고 나팔을 불며 사원 마당을 연신 빙빙 돌았어요. 빛바랜 담요의 색은 말할 수 없이 아름다웠고, 사원의 마당은 장관이었어요.

이런 의식이 여러 차례 있은 후, 다른 사람들과 전혀 다른 복장을 한 라마 승려장이 나와 제단 불에 밀 같은 것을 던졌어요. 오랜 시간 예식이 이어지는 동안 사람들은 연신 바쁘게 움직였고 북소리도 끊이질 않았어요. 복사 소년들은 경을 외우더군요.

C 여사는 즉시 스케치에 들어갔지만, 저는 선 하나도 그을 수가 없었어요. 모든 걸 들이마시는 게 먼저니까요. '들이마신다'라는 말은 제가 원하는 표현이 아니네요. '그 안에 몸을 담근다'가 좋겠어요. 제가 그 장면에 빠져들어 용해되는 듯한 느낌이랄까요. 그런 후에는 모든 것을 재구성해 화폭에 담아내는 괴로운 과정이 시작되겠지요.

사원 벽에 걸려 있던 첸룬●의 초상화 이야기를 꺼내지 않을 수 없네요. 그는 제왕

● 승려들이 장삼 위에 걸쳐 입는 것으로, 왼쪽 어깨에서 오른쪽 겨드랑이 밑으로 둘러서 입는 가사袈裟를 가리킨다.
● 청나라의 황제 건륭제乾隆帝를 가리키는 듯하다.

라마 사원의 복사Acolyte at Lama Temple, Peking 1927 채색 목판화 34.9×45.1 J.J. Bland 소장

라마 승려, 북경 LAMA PRIEST, PEKING 1922 채색 목판화 23.5×36.3

의 위상에 걸맞게 아름다운 푸른색과 초록색으로 장식된 고관대작의 외투를 입고 있었어요. 홀바인의 그림처럼 아주 장대하고 위엄 있는 모습이었죠. 그 힘찬 선線과 권력의 위상을 포착해내는 감각이란! 경매에라도 나온다면 제가 사고 싶을 정도의 보물이었어요!

통역사를 구해 다시 라마 사원에 갔어요. 돈 문제를 두고 한참이나 실랑이를 벌이다가 결국 승려의 하인을 통해 돈을 치르기로 했는데, 참제비고깔색의 푸른 옷을 입은 그 품위 있는 하인은 주인과 거의 대등한 지위에 있는 듯했어요.

지난 2주간 아침마다 스케치를 하러 사원에 갔었어요. 라마교인들은 북경에서 존경을 받지 못한답니다. 이렇게 말해도 될지 모르겠지만 사람들이 라마교인을 억겨워하는데, 그 이유는 그들이 불결해서예요. 그럼에도 저는 그들과 제법 어울리게 되었고, 심지어 그 지저분한 무뢰한들을 좋아하게까지 됐죠. 입구에 진을 친 걸인들 무리를 벗어나고서부터는 늘 용기가 생기거든요. 물론 그 지저분하고 시끄럽고 남루한 무리들을 다 쫓아내기 전까지는 아무것도 할 수 없지만요.

너무 추워 견딜 수가 없을 땐 '오피스' 뒷방으로 가곤 해요. 그 방도 바닥이 돌이라서 일전에 한 친절한 승려가 벨벳으로 된 목이 긴 장화를 내주었을 때는 얼마나 고마웠는지 모릅니다. 정말이지 이곳 승려들은 참 친절해요. 저는 늘 과일과 케이크를 챙겨가서 승려들과 나눠먹고, 승려들은 제게 차를 대접하곤 해요.

지금까지 승려 세 사람이 모델을 서주었고, 갖은 어려움이 있긴 했지만 남자

---

❶   영국 헨리 8세 때의 궁정 화가 한스 홀바인Hans Holbein, 1497~1543을 말한다. 신성함과 세속적인 것을 조화시킨 종교적 화풍으로 인정받았으며, 헨리 8세를 비롯한 저명한 인물들을 그린 초상화로 유명하다.

아이 하나도 모델로 쓸 수 있었어요. 물론 다 좋지만은 않았어요. 라마승들은 역한 담배를 피우는데, 아무 때나 아무 데서고 침을 뱉는 고약한 습성이 있어서 어떨 땐 여간 당혹스러운 게 아니거든요. 그래도 그릴 대상을 얻었으니 다른 게 뭐 그리 중요하겠어요?

라마승들은 늘 제 주위에 둘러서서 손가락으로 그림을 가리키며 토론을 벌이곤 한답니다. 하루는 제가 정신없이 스케치를 하느라 주위를 전혀 의식하지 못하고 있었는데, 갑자기 왁자지껄 웃음소리가 들리더군요. 돌아보니 젊은 승려 하나가 휴짓조각 같은 데다 저를 그리고 있더군요. 벨벳 장화를 신은 제 뒷모습이었는데, 퍽 근사하게 그렸더라고요.

얼마 전에는 사원 정원을 지나는데 한 승려가 손짓을 하며 저를 불렀어요. 그러고는 승려들 사이에서 특별히 소중히 여기는 듯한 그림 한 점을 보여주었죠. 그가 휘장을 걷자 순간적으로 공포가 엄습했어요. 무엇이 그렇게 저를 놀라고 구역질나게 만들었는지 분명히 깨닫기도 전에 돌아서 버리고 말았어요. 다시 그림을 떠올려보자면, 어렴풋한 짐작이긴 합니다만, 고대의 남근 상징과 관련이 있었던 것 같아요.

사원에는 대리석으로 된 아름다운 성수반聖水盤이 있어요. 밝디밝은 햇살이 종이 창문을 통과해 안까지 비추고요. 다른 한편에 있는, 조각을 새겨넣은 칸막이에는 짙은 검은색 그림자가 드리워져 있어요. 밖에서는 햇빛이 언제나 밝고 투명하게 빛나죠. 건물 내벽과 외벽은 각각 회색과 빛바랜 붉은색이고, 지붕 타일은 번쩍이는 노란색이에요. 잿빛 계단을 내려가면 고즈넉한 사원 안마당으로 연결돼요. 건축물의 외곽선은 마치 웅대한 자연의 작품처럼 명료하고 굵답니다. 앞마당에 있는, 동으로 만든 거대한 사자나 향로 앞에 서면 키가 큰 라마 승려도 난쟁이처럼 작아 보여요. 타일, 돌, 동에는 사자나 용 문양이 반복적으로 등장하지만 전혀 단조롭지 않아요. 색조도 햇빛에 따라 매번 달라지고요. 붉은 담벼락 아래에서는 그림자가 보랏빛을 띠기도 하고, 승려들의 승복이 모자의 색과 같은 노란색을 띠기도 한답니다. 벽 색깔과 같은 탁하고 지저분한 붉은색 옷에 노란색 모자를 쓴 승려들도 있는데, 옷감이 오래되어 부드러워지다 보니 모자의 접히는 부분이 귀를 덮기도 해요. 승려들은 다들 염주를 들고 다녀요. 전반적으로는 노란색이 압도적으로 많지만, 중국식으로 머리를 땋아올린 하인들에게서는 짙은 청색이 눈에 많이 띤답니다.

남자아이들은 하나같이 말을 잘 듣지만 말도 못하게 지저분해요. 스케치에 앞서 녀석들의 옷을 여며주는데, 손을 대는 것조차 고역이었어요.

어제 사원을 나서려는데 한 무리의 승려들이 안마당을 지나는 게 보였어요. 이 사원에서 무위도식하는 사람이 제가 듣기로는 3백 명이라는군요. 참 신기하다는 생각이 들었어요.

북경에서 쓴 편지 4

어떤 사람들은 정말 주변에 무신경해요! 여기 온 첫날, 사람들로 북적대는 거리에서 호랑이처럼 옷을 입은 소년을 봤어요. 그리고 싶다는 생각을 했는데, 며칠 뒤 M 부인의 주선으로 중국인 엄마가 아들을 호랑이처럼 입혀 제 그림의 모델로 데려왔더라고요. 그 스케치를 다른 사람들에게 보여줬더니 그중 한 여자가 한다는 말이 자기는 그런 차림을 한 아이를 한 번도 본 적이 없다지 뭡니까? 사실 꽤 흔히 볼 수 있는 데도 말이에요.

상해에 있을 때 머리칼을 길게 땋아내린 중국 남자를 그린 적이 있어요. 상해에서 근 20년을 살았다는 X 부인이 그 그림을 보더니 "참 근사하네요. 요즘 이런 머리는 보기 힘들죠!"라고 하더군요. 그래서 부인과 제가 서로 다른 주장을 내세우게 됐죠. 그러다 하루는 제가 묵던 호텔에서 X 부인의 집까지 차로 20분 거리를 이동하면서 포니테일 머리를 한 사람을 세어봤는데, 22명이나 됐어요. 땋은 머리를 똑바로 내린 사람도 있고, 둥글게 말아 머리 위로 얹은 사람도 있었어요. X 부인이 그렇게 흔한 모습에 눈길 한 번 주지 않았다는 사실에 우리는 웃음을 터트렸어요.

외국 영사관 구역 근처에서 대기 중인 인력거꾼들이 따뜻한 햇볕 아래 줄줄이 앉아서 옷을 훌러덩 뒤집고 옷 틈새에 낀 이를 샅샅이 잡고 있는 모습은 참 볼썽사나운 광경이에요. 이 인력거꾼들은 정말 가난한가 봐요. 말쑥하게 차려입은 일본의 인력거꾼과는 천지차이죠! 이 남루한 사람들과 인력거를 몇 푼 안 되는 돈으로 빌리면, 언제든지 온종일 저와 제 스케치 도구를 실어날라 준답니다.

중국의 길은 중간에 사라지기 일쑤인데, 전 그게 매번 참 재미있어요. 북경 밖은 잘 다져지지 않은 황톳길인데, 이 황토가 점점 줄어든다 싶으면 그 길과 평행선을 이루는 조금 높은 지대에 어느새 새 길이 나타난답니다. 사람들은 옛길로도 다니고 새 길로도 다녀요. 그래서 어떤 때는 옆으로 걸어가는 사람 머리가 제 다리 밑에 있기도 하고, 또 제 머리 위에 다른 사람 발이 걸어가고 있기도 해요. 참 신기한 현상이죠.

과거의 중국은 분명 아주 화려한 나라였을 거예요! 미국 영국 할 것 없이 어느 나라 박물관에나 중국에서 온 전시품이 넘쳐나는데도, 여전히 이곳에서는 오래된 자수품과 보석이 엄청나게 많이 팔리고 있어요. 물론 오래된 물건처럼 보이게 만든 가짜도 그만큼 많은데, 잘 모르는 사람들은 들뜬 기분에 마구 사가기도 하죠. 전 O 씨와 같이 쇼핑을 가서 정말 다행이었어요. O 씨는 같이 다니기에도 즐겁지만 보는 눈도 있는 사람이라 그가 고른 물건은 틀림없는 진품이거든요.

내로라하는 중국 학자 덕분에 오늘 처음으로 '진짜' 중국 음식을 먹었어요. 하지만 사람들은 그 사람의 학식보다 그 사람이 중국 왕실 자제들을 가르치고 있다는 사실을 더 중요하게 여기는 듯해요.

크리스마스이브에는 모든 중국적인 것을 뒤로하고 영국 영사관 파티에 가서 아주 즐거운 저녁 시간을 보냈답니다. 파티를 마련해준 분들은 아주 친절했어요. 중국 옷을 입고 시중을 드는 하인만 빼고는 모두 영국인이었고, 그날 모임은 지극히 영국스러운 크리스마스 파티였어요.

그날 점심때도 열두어 명이 참석한 파티가 있었는데, 그때는 국적이 다들 제각각이었어요!

이곳에서 꽤 오래 산 사람이 한 명 있는데, 그 사람은 수년째 아주 존경할 만한 일을 해오고 있어요. 매주 일요일 특정한 시간에 그 집 앞에 가면 온갖 행색의 걸인들이 줄을 서 있어요. 뚱뚱한 걸인, 마른 걸인, 누더기 차림인 걸인, 앞을 못 보는 걸인, 불구인 걸인…… 볼썽사납기도 하지만 한편으로는 흥미로운 광경이기도 해요. 걸인이 아무리 많이 와도 그 사람은 한 사람당 동전 두 닢씩을 나눠주죠!

상해 예원豫園의 찻집 Tea House, Native City, Shanghai 1924 채색 목판화 41.6×31.1 HAA 소장

5
상해, 소주, 광동, 홍콩

·

·

·

상해에서 쓴 편지

상해에 좀 더 머물 생각입니다. 워낙 여기저기 오래 여행을 한 뒤라 그런지 여기선 물건을 사기가 편리합니다. 중국 사람들은 손재주가 참 좋아요! 옷이든 요리든 뭐든 원하는 대로 완벽하게 만들어내고 값도 아주 저렴하죠.

　다들 무척 즐거운 시간을 보내고 있고 날씨도 좋아요. 줄지어 선 차들이 외국인 거류지나 상점가를 오가는 모습이 눈에 띈다 싶으면 백발백중 '외국인들의' 점심 시간이 되었다는 뜻이죠. 인력거도 셀 수 없이 많아요. 이동이 이렇게나 쉽고 저렴하니 여기서 산대도 별로 힘들진 않겠다 싶어요.

　인력거꾼들은 아직도 옛날 수법으로 손님을 속이려 들어요. 땀을 뻘뻘 흘려서 품삯을 좀 후하게 쳐주면 외지인인 걸 눈치채고 재빨리 동전을 바꿔치기한답니다. 미리 가지고 있던 가짜 동전을 이로 깨물어 바닥에 내던졌다가 다시 주워 또 이로 깨물고는 비통한 얼굴로 손님에게 그 동전을 건네며 멀쩡한 동전을 달라고 하죠. "이건 나쁜 동전이요" 하면서요. 손님이 모른 척 그냥 가면 소리소리 지르며 막무가내로 호텔까지 따라와요.

며칠 전에 호텔에서 급히 나올 일이 있었는데, 제가 늘 부리던 인력거꾼이 또 기다리고 있겠거니 했어요. 그런데 한 사람이 아니라 열두어 명이 저더러 타라는 거예요. 그래서 제일 가까이 있는 인력거를 탔는데, 제가 발을 올려놓자마자 무슨 큰일이라도 난 것처럼 누가 소리를 지르지 않겠어요. "당신은 내 것이요, 내 것이요!" 제1순위 '보이'였어요. 제2순위 '보이'가 교활하게 절 데려갔더라면 제 '주인'은 소중한 손님을 놓치고 말았을지도 몰라요.

　　'외국인 거류지조계'가 있는 상해를 벗어나 본토인이 사는 곳으로 들어서면, 거기서부터는 아스팔트길이 끝나고 자갈길이 시작돼요. 두 지역을 잇는 전찻길만 빼면 이쪽에서 저쪽으로의 변화는 아주 극단적이고 즉각적이죠. 곁길로 들어서면 옛날식 가게가 즐비한데, 이 가게들은 중국인들의 취향에만 맞춰져 있어요. 찻집이 수도 없이 많고, 어두컴컴한 음식점과 점포에서는 이미 조리된 갖가지 음식을 팔아요. 오래되고 지저분하고 요란한 색깔의 사찰도 있고, 나무를 깎아 만든 물건이나 다른 수공예품을 파는 거리도 있어요. 무엇보다 각종 새가 든 새장을 바닥부터 천정까지 빼곡히 쌓아놓고 파는 가게가 수없이 많답니다.

　　며칠 전에는 D 양과 함께 그 유명한 '버드나무 찻집'을 그리러 갔어요. 둘 다 스케치 도구를 잔뜩 챙겨간 터라 어느 골동품 가게에 자리를 잡고 앉게 됐을 때는 정말 다행이다 싶었죠. 가게 주인은 영어를 조금 했는데, 불친절하다고까지는 할 수 없지만 겨우 예의만 차릴 뿐 아주 무심했어요.

　　제가 앉은 자리에서는 찻집으로 연결되는 좁고 구불구불한 다리가 훤히 보였어요. 수많은 중국 사람들이 줄지어 다리를 건너고 있었는데, 그 색깔의 어울림이 아주 절묘했죠. 언제나 그렇듯 그릴 대상을 포착하는 데만 한참이 걸린 탓에 다음 날 혼자 다시 가서야 스케치를 끝냈답니다.

　　제가 한창 작업에 몰두해 있는데 갑자기 찢어지는 듯한 외마디 소리가 들렸어요.

　　앞이 안 보이는 것이 분명한 못생긴 노파가 작은 여자아이를 길잡이 삼아 다리를 건너고 있었는데, 노파를 골탕 먹일 속셈으로 아이가 노파를 두고 달아나려 했나 봐요. 아이도 잽싸긴 했지만 노파가 한 수 위였죠. 노파한테 금세 잡히고 말았거든요. 아이를 잡아챈 노파는 짐승처럼 으르렁댔어요. 그러고는 아이를 바닥에다 패대기쳤죠. 제가 앉은 자리에서는 노파가 무슨 짓을 하는지 잘 보이진 않았지만 여자아이는 다 죽어가는 소리를 냈어요. 아이는 계속 울부짖었고 노파는 계속 으르렁댔는데, 그나마 노파가 하던 짓을 멈춘 건 자기가 왜 이 아이에게 벌을 주고 있는지를 행인들에게 설명할 때뿐이었어요.

소리가 어찌나 요란한지 그림을 그릴 수가 없었어요. 지나가던 사람들은 멈춰 서서 쳐다만 볼 뿐 아무도 말리는 사람이 없었어요. 저는 골동품상에게 어떻게 좀 해주라고 했지만, 그 사람은 어깨를 으쓱하며 자기가 끼어들 일이 아니라고 하더군요.

다행히 결국에는 여자아이가 몸을 빼내 도망을 쳤어요. 조용해져 다행이다 하며 다시 일을 시작했는데, 내심 그 아이가 어떻게 됐을까 궁금하더라고요. 그 아이는 어디로 갔을까? 아이가 어떻게 된들 누가 걱정이나 할까? 그러다 저도 제 일에 빠져들어서 그 아이를 잊고 있었죠. 한 20분쯤 지났을까, 마침 저도 그림을 끝낸 터였는데, 글쎄 그 아이가 큰소리로 웃으며 팔짝팔짝 뛰어 다시 노파에게로 가지 않겠어요. 채 몇 분도 안돼 노파와 아이는 둘도 없는 친구처럼 나란히 걸어갔어요.

중국에서 제일 고되게 일을 하는 사람은 외바퀴 손수레에 승객을 태우고 끄는 사람이에요. 다루기가 쉽지 않은 그 커다란 손수레 양쪽에는 각각 세 사람이 앉을 자리가 마련돼 있죠. 어떨 땐 양쪽에 세 사람씩 앉아 다리를 내리고 가기도 하고, 또 어떨 땐 한쪽에만 두 사람이 앉아 즐겁게 대화를 나누며 가고 있기도 했어요. 그렇게 한쪽을 비우고 앉아서 균형이 안 맞으면, 그렇잖아도 힘든 인력거꾼은 더 힘이 들 수밖에요.

목에는 손수레의 끈을 둘러매고, 양손에는 손잡이를 움켜쥐고, 잔뜩 신경을 곤두세운 채 숨을 헐떡이는 모습과 불거져 올라온 근육, 땀구멍마다 차오르는 땀,

인력거꾼의 얼굴 표정……. 이 정도 인물이라면 호가스●의 좋은 연구 대상이 됐을 거예요. 하지만 전 인력거꾼의 고통스러운 얼굴과 수레에 탄 손님들의 무심한 듯 평온한 표정, 그 두 얼굴 간의 극단적인 대조가 더 묘하게 느껴졌어요!

┌─────────────────┐
　소주에서 쓴 편지 1
└─────────────────┘

소주에 오게 된 경위를 말씀드리지 않은 것 같네요. 절친한 친구인 M 여사가 상해에 사는데, 그도 화가라 제가 무엇을 찾고 있는지 잘 알아요. 또 자기 시간이며, 조언이며, 화실까지 아낌없이 제게 내주죠. M 여사가 준비를 해준 덕분에 숙박 시설이 딸린 집배HOUSE-BOAT로 소주에 가게 되었답니다. 그 이상 좋은 나들이 여행이 어디 있겠어요. 화가 넷에 집배가 두 척이라 얼마나 편하던지요. 극동을 여행하는 화가들에게는 굉장히 드문 경험이랍니다. 중국인들의 서비스는 최고였고, 음식은 호사스러웠어요. 영감을 불러일으키는 꿈결같이 아름다운 중국의 풍광을 바라보며 우리는 잔잔한 물 위를 미끄러지듯 흘러갔어요.

　　소주에 도착한 첫날, 우리는 각자 흩어져 그릴 소재를 고르고 나중에 비교해보기로 했어요. 다시 만났을 때 M 부인은 붉은색 찻집을 그렸고, X 부인은 운하 경관을 골랐고, 저는 운하를 잇는 다리를 그릴까 하고 있었죠. 그런데 우리 중 나이가 가장 어리고 집을 떠난 지 얼마 안 돼 굉장히 '모던'한 친구가 있었는데, 그 친구는 아무것도 못 그렸더라고요. 그녀 말로는 그렸다 지워버렸다는데, 그 이유가 "지나치게 인상적이어서!"였어요. 아닌 게 아니라 처음엔 다들 이 고도古都의

───────────

● 영국의 화가이자 판화가인 윌리엄 호가스WILLAM HOGARTH, 1697-1764를 말한다. 당시의 시대상을 표현한 해학적 작품으로 이름을 알렸다.

강소성 江蘇省 소주의 거리 Street Scene, Soochow in Kiang-su 1924 채색 목판화 25.5×37.5

낯선 아름다움에 심하게 압도당하고 말거든요. 자기도 모르는 새 길을 잃고는 마치 중세에 온 듯 모든 현대적인 것들을 망각하게 된답니다.

저만 소주에 남고 나머지 셋은 집배를 타고 상해로 돌아가기로 되어 있었는데, 헤어지기 직전에 아주 아찔한 순간이 있었어요. 우리는 인력거꾼이 오길 기다리고 있었죠. 소주의 제 숙소로 데려다줄 인력거꾼을 미리 예약해둔 터였거든요. 그런데 순식간에 다른 인력거꾼들이 우르르 우릴 둘러싸더니 서로 밀고 싸우지 뭡니까. 그 수가 셀 수 없이 많았는데, 다들 입을 크게 벌리고 "나요! 나요! 나요!" 하며 소리를 질렀어요. 다행히, M 부인과 X 부인이 중국 생활에 익숙하고 키도 커서 그 그악스러운 무리들을 뚫고 나갈 수가 있었어요. 그러고서야 제 이름과 주소가 적힌 종이를 흔들며 서 있는, 미리 연락해둔 인력거꾼을 발견했답니다.

일행과 헤어지려니 무척 섭섭했어요. 그들도 낯선 도시에 저를 혼자 두고 떠나기가 안되었던지, 가지고 있던 물감이며 연필, 종이 등을 죄다 제게 내주었어요.

그러다 어느새 날이 어두워졌고, 저는 낡은 2인승 마차에 올라 미지의 곳으로 향했답니다.

몇 안 되는 이른바 '하이칼라' 상점 입구의 유리창만 제외하면, 소주는 여행안내서의 말마따나 천 년이 넘도록 조금도 변하지 않은 도시예요. 유교 사원 앞의 돌에 새겨진 지도만 봐도 알 수 있죠. 언니가 직접 와서 보셔야 하는데!

여자들과 아이들이 입는 청색과 흰색 무명 바지의 디자인은 아주 옛날 그 어머니들이 입던 옷과도 분명 같을 거예요. 바지뿐 아니라 부엌에 있는 수호신, 그릇, 솥, 냄비는 물론, 배와 고인을 모시는 관까지도요.

이곳 사람들의 생활을 이해하려면 냄새를 맡는 게 중요해요. 주로 음식 튀기는 냄새와 동식물이 썩는 냄새죠. 소주란 도시에서는 불협화음과 찢어지는 듯한

<u>소주의 다리</u>Bridge, Soochow 1924 채색 목판화 37.6×25.7

고음이 끊이질 않아요. 사람들도 악을 쓰듯 말을 해서 귀에 거슬려요. 문밖을 나서면 도대체 점잖은 행동은 찾아볼 수가 없고, 어디를 가나 남루한 사람들이 서로 밀고 치고 아우성을 친답니다. 제가 신통치 않은 통역 겸 호위병을 한 명 데리고 거리에서 스케치라도 하려 들면 금세 군중들이 몰려들어 우릴 둘러싸 버려요.

며칠 전에 본 어떤 소년은 머리에 통을 인 채 저를 보겠다고 남들보다 훨씬 높은 곳에 올라가 있었어요. 제가 도대체 뭘 하는지 몹시 궁금했나 봐요. 그런데 얼마 안 돼서 아이가 바닥으로 굴러떨어졌고, 그 바람에 머리에 이고 있던 통이 뒤집혔죠. 그러자 끔찍한 거위 내장이 한가득 쏟아졌어요. 저는 그 많은 인파 속에서 스케치를 하느라 말도 못하게 신경이 곤두선 터였지만, 쏟아진 내장과 아이의 실망한 얼굴을 보자 웃지 않을 수 없었죠. '체면을 구긴' 소년은 냅다 꽁무니를 뺐고

기울어진 탑, 소주 Leaning Pagoda, Soochow, China 1935 채색 목판화 25.5×38

Elizabeth Keith.

사람들은 폭소를 터트렸어요.

하지만 늘 즐겁지만은 않아요. 화가 치밀 때는 좀 물러서라며 사람들에게 연필을 칼처럼 들이대기도 해요. 그래도 별 소용은 없지만요. 화가 나다가도, 호기심에 가득 찬 그 낯선 얼굴들을 보면 번번이 화가 누그러져요. 중국 사람들은 그림을 좋아해요. 그렇다 보니 결국에는 그 거위 내장이 든 통을 쏟은 소년을 봤을 때처럼 짜증이 누그러들고, 제가 웃으면 구경꾼들도 늘 따라서 웃죠.

모든 여행안내서에 적혀 있듯, 소주라는 도시에는 어딜 가나 다리와 수문이 있어요. 어느 곳은 물살이 빠르고 어느 곳은 물살이 느리지만, 어디든 배가 떠 있죠. 여기서는 수많은 이들이 집배에서 태어나 살고 또 죽어요. 관을 실은 배도 흔히 볼 수 있고요. 각양각색의 배와 운송선이 얼마나 많은지는 그림으로나 표현할 수 있을 것 같네요. 곡선을 그리는 우아하고 날렵한 배가 있는가 하면, 견고하고 육중해 다루기 힘든 배도 있는데, 대개 여자들이 몰아요.

둑에는 오래된 주홍색 사원과 퇴색한 석탑이 있는데, 석탑의 설립연도가 다양해서 한쪽으로 기울어져 있거나 무너져가는 석탑도 있어요.

낮에 보면 주부들이 배 옆으로 몸을 숙인 채 강물을 퍼서 쌀을 씻는 모습을 볼 수 있는데, 녹황색 강물은 기름기 투성이예요. 그 물로 차도 만들고 빨래도 하고, 정말이지 안 쓰는 데가 없답니다. 외국인 거주지에서는 빗물만 사용해요.

저녁이 되면 어머니가 배 위에서 숯불을 지펴 요리를 하는 모습을 볼 수 있는데, 아이들은 불가에 둘러 앉아 저녁이 되기를 기다려요.

밤에는 운하 기슭에 서서 배 안을 들여다보는 게 재밌어요. 물론 배 안은 잘 보이지 않지만요. 배에 사는 사람들은 그 자체로 일가족을 이루고 있는데, 어떨 때 보면 전혀 다정하지 않은 얼굴들을 하고 있어요. 밤이면 아이들이 악을 쓰며 우는 소리, 여인들의 말소리, 남자들의 굵은 목소리가 들리기도 하죠. 연로한 조부모에 여러 자손까지, 그 대가족이 조그만 배 한 척에 모여 산답니다.

한번은 다리를 그리고 있었는데, 배에 사는 노파가 여기저기 기우고 덧댄 낡은 윗도리를 벗는 게 보이더라고요. 어디가 원래 옷이고 어디가 덧댄 천인지 구분이 안 될 정도였죠. 그 노파는 겉옷인지 윗옷인지 모르겠는 옷의 주름과 솔기에 긴이를 잡아서는 마치 원숭이처럼 씹어서 삼켰어요!

소주에서 쓴 편지 2

집배에서 사는 사람들 이야기를 언니에게 쓴 후에 캐나다 출신의 한 간호사를 만났어요. 그 여자는 중국인 환자들이 결코 더럽지 않다고 하더군요. 정확히 말하자면, 대체적으로 봤을 때 그녀가 겪은 다른 나라 환자보다 더 더럽지는 않다는 얘기였어요.

배가 클수록 거기에 사는 가족들도 더 단정하고 깔끔하기 마련이라 저도 기분이 좋아요. 배는 종종 노란색 나무 위에 밝은 청색과 홍색을 칠해서 만들곤 하죠. 여자들은 윤기가 흐르는 검은 머리칼을 벨벳 망으로 싸곤 해요. 그리고 종일 일을 열심히 하는데, 빨래를 해서 갑판 위 줄에 널기도 하고 청소를 하기도 해요. 음식을 할 때는 모양이 잘 빠진 나무통을 사용하는데, 빨간색으로 옻칠을 한 것도 있더라고요!

중국 여자들의 옷은 극동 어느 나라의 옷보다 몸에 꼭 맞고 기능적이에요. 바지는 보통 푸른색 계통으로 두 색을 섞어 만드는데 얌전하고 단정해요. 상의는 몸에 꼭 맞게 만드는데, 앞섶이 벌어지고 소매 뒤를 잡아 맨 기모노나 치마 폭이 넓고 저고리 길이가 우스꽝스럽게 짧은 한국 여자들의 옷과 비교하면 배에서 일하기에는 훨씬 좋은 것 같아요. 배에 사는 중국 여자들은 남자들의 진정한 조력자가 아닐까 싶어요. 종종 노도 젓고 일도 곧잘 하니 분명 성평등에도 기여하는 바가 있을 테죠.

요즘은 수놓는 여자를 그리고 있답니다. 이런 일을 하는 여자들은 대체로 도

창 먼 에서 쇼핑 Shopping At Chang Man 1925 채색 목판화 27.5×38 JJ Bland 소장

시의 특정 지역에 모여서 살아요. 이들은 문을 열어놓고 앉아 햇빛을 최대한 이용해 일을 하는데, 그 모습이 꼭 프레임에 담긴 아주 아름다운 그림 같아요. 제가 스케치하던 여자는 좁고 긴 프레임 안에 앉아 밝은 주황색 공단에 수를 놓고 있었어요. 차가운 겨울 햇빛에 비친 여자의 얼굴은 따스한 붉은색을 띠었고, 그녀는 쥐가 난 작은 발을 놋쇠 화로 위에 올려놓고 있었죠. 프레임의 다른 한쪽에서는 어린 여자아이가 덜 중요한 부분을 맡아 부지런히 수를 놓고 있었어요.

그림을 그리기 시작하자 늘 그렇듯 사람들이 모여드는 통에 저도 그 여자도 불안해졌어요. 그런데 사람들이 그 여자한테 별의별 싱거운 소리까지 늘어놓자 결국 여자가 화가 치밀고 말았죠. 그 여자는 자리에서 벌떡 일어나더니 제 면전에 대고 문을 쾅 닫아버렸어요. 처음부터 참 친절하고 태연히 잘 앉아 있어준 모델이었는데 일이 그렇게 돼버려서 얼마나 아쉽던지요.

집 내부는 다들 비슷해요. 대체로 흙바닥이고, 문을 열면 바로 보이는 뒷벽에는 수호신 그림이 걸려 있는데 대개는 조잡한 채색화죠. 그림 밑에는 사각 탁자와 의자 두 개가 양 옆으로 놓여 있어요. 탁자 위에는 사람 형상이 들어 있는 작은 감실이 차려져 있고요. 방의 나머지 부분은 거의 텅 비어 있어요. 감실은 나무로 만든 경우도 있고 도자기인 경우도 있어요. 방은 늘 깔끔하고요.

중국 사람들은 통념에 아주 민감한 것 같아요. 제 통역사가 이곳 노인들이 날이 추울 때 쓰는 붉은색 두건을 쓰고 모델을 서주겠다고 하더군요. 아무 예고도 없이 문 밖에 구경꾼들이 빼곡히 몰려드는가 싶더니 어느새 방 안까지 몰려들었죠. 저는 짜증이 나서 자리에서 일어나 사람들을 밖으로 몰아내고 문을 닫아버렸어요. 그랬더니 모델이 아주 언짢아하더라고요. 그래서 제가 "아는 사람들인가요?" 하고 물었더니, 그 사람 말이 "아, 아니요. 하지만 중국에서 사람을 집 밖으로 몰아내는 법은 없어요. 그건 아주 몹쓸 짓입니다" 하더라고요. 진심으로 기분이 언짢은 눈치라 저는 하던 작업을 중단하고 나중에 그 사람을 제가 머물고 있는 집으로 오게 해서 그림을 그렸답니다.

어제는 신기하게 생긴 오래된 사원에 갔었는데, 다행히 사람들이 못 올라오는 높은 곳에 자리를 잡았어요. 아래로는 강물이 흐르고 다리 세 개가 놓여 있었죠. 그런데 갑자기 첨벙 하는 소리가 나더니 누가 소리를 지르지 뭐예요. 내려다보니 두껍고 남루한 겨울옷을 입은 네 살 남짓한 꼬맹이가 그 시궁창 같은 더러운 물에 빠졌더라고요. 통통한 장밋빛 얼굴에는 공포가 서려 있었지만, 그 아이는 얼굴을 하늘로 향한 채 꼼짝도 않고 누워 있었어요. 주위에 있던 아이들이 괴성을 지르며 야단을 피웠지만, 아이는 물살이 제 얼굴을 때리는 데도 미동조차 하지 않고 울지도 않았어요. 곧이어 한 남자가 나타났죠. 아이가 누워 있는 곳은 배와 배 사이였는데, 남자는 두 배에 발을 하나씩 올려놓고 아주 조심스레 균형을 잡았어요. 그는 신중히 아이의 손이 닿는 지점까지 조금씩 다가가 발을 내밀었어요. 아이가 급히 발을 붙잡자 남자는 조심스레 아이를 배 위로 건져올렸어요. 그러자 환호성이 터져나왔죠. 이렇게 인구가 차고 넘치는 곳에서도 한 아이의 생명은 귀히 여기는군요. 네 살짜리 아이에게 물에 빠져도 누가 구하러 올 때까지는 꼼짝말고 똑바로 누워 있으라고 가르치다니! 그건 얼마나 많은 세대에 걸쳐 축적된 경험의 소산일까 하는 생각이 들었어요.

언니도 소주의 밤 풍경을 좋아하실 거예요. 높지막한 집과 드높은 대문, 그 열린 대문 사이로 집안 남자들이 그을음이 올라오는 구식 램프 가에서 식사하는 모습을 볼 수 있어요. 식사를 즐기는 얼굴 표정과 이리저리 움직이는 손만이 불빛에 비칠 뿐 나머지는 깊은 어둠 속에 가려져 있답니다.

으슥하고 어두컴컴한 아치 다리에서는 담 근처에 모여 있는 걸인들과 맞닥뜨릴 수도 있어요. 하지만 아무리 주위가 캄캄하고 으스스해도 멀지 않은 곳에 노점 상이 피워놓은 따스한 석탄불이 있기 마련이죠. 그곳에서는 아주 가난한 사람들 도 몇 푼 안 되는 돈으로 맘 편히 끼니를 해결할 수 있어요. 음식 만드는 냄새는 그 런대로 괜찮지만 먹고 싶은 생각이 들 정도는 전혀 아니에요. 하지만 모락모락 피 어오르는 김과 기대감에 찬 얼굴 표정을 보고 있으면 기분이 좋아져요.

대개는 희미한 불빛이 전부이지만, 이런 수상 도시의 밤이 말할 수 없이 아름 다워지는 때가 간혹 있어요. 며칠 전에는 혼령을 위로하는 폭죽을 터트리느라 종 이로 된 도화선이 천천히 타올랐는데 참으로 장관이더군요.

하지만 걸인들이란! 정말 얼마나 끔찍한지 몰라요. 옷을 하나도 안 입거나 말 도 못하게 더러운 누더기를 걸치고 다니는 걸인도 있어요. 불구의 몸에 더러 손발 이 없기도 한 이 가련한 생명들은 드러누운 채로 구걸을 한답니다. 얼마 전에는 괴 물도 저리 가라 할 정도로 흉측한 거지도 봤어요. 분명 입이 아닐까 싶은 부분은 툭 하니 목에 붙어 있었고, 눈은 아예 찾을 수도 없었죠. 블랜드[*] 씨의 《가벼운 이 야기SOMETHING LIGHTER》에 나오는 거지 이야기가 늘 떠오르곤 한답니다.

팔다리가 잘려나간 거지들도 있어요. 이 사람들은 바닥에 등을 대고 눕거나 옆으로 누운 자세로 반복적으로 몸을 앞으로 밀며 인파로 붐비는 좁은 길을 힘들 게 비집고 나가요. 부자들을 태운 보교步輸를 짊어진 사람들은 "비켜요!" 하고 소 리를 지르며 지나가고요. 가면을 쓴 것처럼 얼굴에 분칠을 한 여자들이, 사람이 멘 의자를 타고 줄지어 지나가기도 하구요. 장례식이나 결혼식 행렬도 지나가곤 하 는데, 둘 중 어느 쪽이든 들떠 있고 소란스럽긴 마찬가지죠. 다들 주위의 가난한 사람이나 고통 받는 사람들에게는 관심이 없는 것 같았어요.

---

[*]   영국의 작가이자 저널리스트 존 오트웨이 퍼시 블랜드JOHN OTWAY PERCY BLAND, 1863~1945를 말한다. 1883년부터 1910년까지 세관 등에서 일하며 중국에 머물렀다. 중국의 정치와 역사에 관한 책을 여 러 권 남겼다.

백랍 가게, 소주 Pewter Shop, Soochow 1925 채색 목판화 25.8×38

이 걸인들에게도 나름대로 길드가 있나 봅니다. 이 도시는 일의 진척이 한없이 더딘 곳인데도 한번은 걸인들이 상인들을 아주 못 살게 구는 통에 상인들이 더는 그치들을 가만두지 않겠다고 나섰어요. 도시 유지들이 만나 걸인들을 한 곳에 몰아넣은 후 지저분하게 떡진 머리를 싹 밀고 비교적 깨끗한 헌 옷을 나눠주었어요. 그런데 이 과정에서 도시 행정가들이 일처리를 미숙하게 하고 말았죠. 시설에 갇힌 이 불쌍한 걸인들에게 음식을 넉넉히 주지 않는 바람에, 걸인들은 새 수용소에서 지내느니 비참할지언정 차라리 길에서 자유롭게 사는 편이 덜 불행하다고 느끼게 됐어요. 몇몇은 수용소에서 죽었고, 몇몇은 도망을 쳤어요. 얼마 전에 저도 가이드를 따라 수용소에 가보았는데, 사람들을 보고 있자니 너무 마음이 아팠어요. 저도 조금이나마 뭘 좀 챙겨가긴 했지만, 필요한 것이 워낙 많아서 별 도움도 안 되겠더라고요. 불쌍한 걸인들이 우리를 에워싼 채 소리를 질렀어요. "배고파! 배고파! 먹을 게 모자라."

여기선 가게에 가는 게 참 즐거워요. 상점 직원들이 아주 점잖고 예의가 바르답니다. 비단 가게마다 스무 명 남짓한 청년들이 일하는데, 옛날 중국식 예의범절로 손님을 맞아요. 서로 말은 안 통하지만 물건을 사고파는 데는 지장이 없죠.

차를 파는 가게에 있는 접시나 주석 집기는 하나같이 아름다워요. 온갖 귀한 것들이 들어 있을 법한 커다랗고 근사한 단지와 큰 수납장도 있죠. 은방이나 백랍방은 더 좋아요. 금속 촛대, 온갖 종류의 걸이식 등, 사원에서 쓰는 꽃병, 갖가지 모양의 접시와 컵과 포크와 나이프까지 전혀 지루할 새가 없답니다. 연극배우들의 의상을 파는 상점도 있는데, 이 가게 구경만으로도 소주는 와볼 만한 곳이에요.

가금류만 파는 곳도 있는데, 겉에 기름을 발라 노릇노릇 구운 오리의 머리를 끈으로 주렁주렁 매단 광경은 아주 볼 만해요.

특히 가관인 것은 상점마다 문 앞에 걸어놓은 비단 깃발이에요. 깃발에 근사하게 써놓은 황금색 글씨들이 햇빛에 반짝일 때면 참으로 아름다워요.

외국인이 타국에 와서 하면 안 되는 행동을 보여주는 좋은 본보기가 있었어요. 중국에 관한 책을 쓰겠다는 강한 집념으로 최근 이곳에 한 여류 작가가 왔답니다. 그녀의 계획은 단순했어요. 영어를 할 줄 아는 사람을 만나면 아무에게나 을러대며 심문에 가까운 질문을 퍼붓는 것이었지요. 그 방법이라는 게 어찌나 강압적인지 하루는 저도 끌려가다시피 그 여자와 동행을 했답니다. 그날 그 작가의 첫 인터뷰 상대는 중국인 여의사였어요. 이 여의사는 친절하고 교육을 많이 받은 사람인데, 한번은 혹시 외국인들에게 소주에 대해 말할 기회가 있으면 부디 걸인들과 배에서 사는 사람들 이야기는 하지 말아달라고 제게 부탁을 했던 여자예요!

그 여류 작가는 여의사의 이름도 안 묻고 질문지부터 쥐어줬어요. 질문은 이렇게 시작됐죠.

- 몇 살입니까?
- 당신의 아버지는 부인이 한 사람 이상입니까?
- 형제가 몇입니까?
- 기독교인입니까?

여류 작가는 여의사가 서양에서 교육을 받았고, 그런 식의 질문을 마뜩찮게 여기리라고는 생각조차 못한 거예요.

한번은 중국의 공장 상황에 대해 잘 알기로 정평이 난 어느 선교사댁으로 그 여류 작가가 저를 끌고 갔어요. 선교사를 만났을 때 제 눈에는 그 사람이 왠지 우울하고 어딘가에 정신이 팔려 있는 눈치였는데, 이 작가는 숨도 안 쉬고 질문을 퍼붓더군요. 잠시 짬이 났을 때 조용히 선교사가 말했어요. "제 아내도 내려와서 인사를 했어야 하는데 죄송합니다. 어제 우리 아이가 죽었거든요." 여류 작가가 이 말을 들었는지 못 들었지 모르겠지만 어쨌거나 이 작가는 조의를 표하기는커녕 멈 칫하거나 사과조차 하지 않았어요. 그저 자기가 그 남자한테서 뭘 원하는지만 계 속 떠들어댔죠.

그래도 제가 기이한 장면을 담은 그림 하나를 그릴 수 있었던 건 이 막무가내 작가 덕분이긴 해요. 명주실을 감아올리는 공장에 그 여자와 같이 갔어요. 모락 모락 피어오르는 수증기 사이로 여자들이 열을 지어 일을 하고 있었는데, 모두 가 슴이 납작했고 낯빛은 노란 밀랍 같았어요. 노상 뜨거운 물에서 명주실을 만지다 보니 손가락은 쪼그라들었고요. 일하는 엄마 곁에는 너덧 살쯤 됐을까 싶은 조막 만 한 아이들이 높은 의자 위에 올라가 있었는데, 다 여자애들 같아 보였어요. 이 아이들의 임무는 뜨거운 물에서 죽은 번데기를 건져 올리는 일이었어요. 끝없이 반복되는 일을 하느라 아이들은 그 작고 슬픈 얼굴을 연신 아래로 떨구어야 했죠. 우리가 방에 들어가자 아이들이 쳐다보았는데, 그 커다랗고 까만 눈동자에 어린 표정은 정말이지 가슴 뭉클하게 와닿았어요. 아이들은 우리를 감히 오래 쳐다보 지도 못했어요. 험상궂게 생긴 감독관이 계속 열 사이사이를 오가며 우리가 있는 것도 아랑곳하지 않고 아이들의 그 작은 손을 작은 대나무 갈퀴로 내리쳤거든요.

제일 먼저 떠오른 생각은, 밀랍 같은 낯빛의 여인들과 아이들이 증기가 꽉 찬 비단 공장에서 노동을 해야만 한다면, 그래야만 입구를 아름다운 조각으로 장식 하고 만족한 표정의 손님들로 붐비는 이 근사한 비단 상점이 유지된다면, 이 오래 된 질서가 하루 빨리 사라지면 좋겠다는 것이었어요.

소주에서 가장 기억에 남을 추억거리는 매일 아침마다 먹던 진한 버펄로 크림 이 아닐까 싶어요. 요리사는 아침 식사용 크림을 만들 우유를 일정량만큼 따로 덜 어놓는답니다. 그리고 나머지 우유는 통에 넣어 뚜껑을 닫은 다음에 좌우로 줄기 차게 흔들어 버터를 만들어요.

광동에서 폭동과 싸움이 벌어지고 있다는 소문이 돌았지만, 저는 W 부인과 함께 광동으로 향했어요. 홍콩에서부터 타고 온 기선에서 내려 강을 오르내리는 작은 배로 갈아탔는데, 줄곧 무장한 사내들의 보호를 받아야 했어요. 그렇지 않으면 해적이나 강도단에게 총을 맞을 염려가 있었으니까요. 무기를 가진 영국 남자들이 가까이 있다는 사실에 안심이 됐어요.

광동은 소주처럼 오래된 느낌은 들었지만 기대만큼 재미있지는 않았어요. 성곽을 헐기 전에 와보지 못해 아쉽더라고요. 외국인 거주지는 꽤 큰 데다가 계속 확장 중이었어요. 외국인 거주지가 있는 것이 고맙긴 하지만, 길 양측을 따라 들어선 낯선 양식의 높다란 건물들이 철거될 걸 생각하면 마음이 편치 않아요. 그 건물들 때문에 양측 인도가 좁아서 가마를 타고 가다 손을 내밀면 양쪽 가게에 진열된 물건이 손에 닿을 정도이긴 했지만요. 광동의 부둣가에는 홍콩이나 소주에서보다 훨씬 다양한 배들이 정박해 있었어요.

제가 이야기 순서를 거꾸로 쓰고 있었네요. 육지에 내려 제일 먼저 눈에 띈 것은 파괴된 건물이었어요. 대지진 후의 도쿄와 비슷한 모습이었죠. 상점은 모두 문을 닫았고, 우리를 바라보는 사람들의 얼굴은 침울했어요. 가이드가 몇몇 가게에 가서 사정했지만, 문을 열고 물건을 보여주겠다는 상인은 좀처럼 없었어요.

가이드의 성은 장 씨였는데, 아주 흔한 성이에요. 그는 오래전 장 씨 일문의 어떤 사람을 기리기 위해 세워진 아름다운 사원을 꼭 보여주고 싶어 했어요. 아름답다던 장 씨의 말은 과장이 아니었더라고요. 장 씨 조상의 사원을 찾아갔을 때는 화창한 오후였는데, 햇빛을 받은 기와는 아름다운 색채로 반짝였어요. 기와는 파란색, 노란색, 초록색, 자주색 등 그야말로 온갖 색이었고, 다양하게 조각되어 있었죠. 중국의 건물 양식이 대개 그렇듯이 그곳도 직사각형의 안마당을 둘러싼 형태로 건물들이 서 있었어요.

군인들이 그곳을 점령했다고 가이드인 장 씨가 미리 언질을 주더군요. 조각상과 입에 구슬을 문 커다란 석조 사자상이 다 부숴지고 산산조각이 나 있었어요. 테이블이나 의자도 부서져 있었고, 일부는 거꾸로 뒤집어서 여물통으로 쓰고 있기도 했죠. 하다못해 안마당에 깔려 있던 타일도 파헤쳐져 있었는데, 아름다운 지붕의 기왓장이 부서진 것이 무엇보다 마음 아팠어요. 제단에 놓였던 놋 제기도 바닥에 나뒹굴고 있었고요. 마당과 사원 안은 말똥투성이였고, 더러운 군인들이 사원 전역을 누비며 왔다갔다 담배를 피우고 빨래를 널어놓았더라고요.

조상 숭배가 일상화된 나라에서 이런 불경을 저지른다는 것은 증오가 극에 달했다는 얘기겠죠. 고의적인 악행과 파손, 그리고 그 행위를 설명할 때 가이드의 목소리에서 느껴지던 고통에 우리도 기분이 우울했어요.

한국에 있을 때 몽골 국경 근처에서 이와 비슷한 만행을 저지르는 군인들의 이야기를 들은 적이 있어요. 한국 사람들은 강도보다 이 군인들을 더 무서워했다더군요.

배로 돌아와서야 마음을 놓았어요. 고도시 광동은 빠르게 변해가는 중이에요. 저는 처음으로 진짜 관광객처럼 행동하며 인력거에서 한 번도 내리지 않았어요. 두어 번 물건을 사려고 해보았지만, 상인들이 적대적인 데다 값도 터무니없이 비싸게 불러서 아무것도 살 수가 없었어요.

⬡ 홍콩에서 쓴 편지 ⬡

두 번째로 다시 홍콩을 찾고 보니 이곳이 제가 본 곳 중 가장 아름다운 곳이라는 생각이 듭니다. 아침 일곱 시에도 아름답지만, 홍콩은 역시 야경이 최고예요. 이른 아침에는 바다가 짙은 초록색을 띠지만, 안개가 걷히고 산봉우리에 그림자가 드

_홍콩의 밤Hong Kong Night 1924 채색 목판화 38.4×31.4 HAA소장

리울 때면 색깔이 변하죠. 항구에는 다채로운 색상의 낡디낡은 돛을 단 각양각색의 배들이 떠 있고 갑판에는 동양인들의 모습이 보이는데, 이 모든 것이 마치 꿈속의 한 장면 같아요. 별반 흥미로울 것 없는 세상의 단면이 아니라, 정말이지 환상 속의 한 장면 같아요.

밤에는 물속에서 그대로 솟아나온 듯한 산봉우리와 능선을 따라 들어선 집들이 흡사 불 밝힌 제단을 연상시킨답니다. 오가는 배와 연안에서 뿜어져 나오는 불빛, 봉우리 꼭대기까지 이어져 반짝이는 불빛은 찬란한 빛 그 자체입니다.

도로가 잘 정비돼 있고, 집도 아름답고, 좋은 인력거와 영양 상태가 좋은 인력 거꾼들을 만날 수 있는 이곳에 다시 오게 되어 기뻐요.

일당백의 효험을 발휘한 딱 한 장을 제외하곤, 이번에는 소개장이 무용지물 이었어요. 찾아가 볼까 싶던 사람은 하나같이 이곳을 떠났거나 죽었더군요. 그래 도 전시회를 성공리에 치르는 데는 전혀 지장이 없었죠. 전시회는 아주 잘되었고, 새로운 사람들도 많이 사귀었어요. 영국식 영어 발음을 다시 들으니 참 좋더라고 요. 잘 차려입은 영국 남자를 보는 즐거움을 그동안 까맣게 잊고 있었나 봐요!

몇 차례 드라이브를 갔는데 아주 좋았어요. 언제 봐도 환상적인 중국 거리에 도 가고, 산봉우리 비탈로 올라가 어선도 구경하고, 아침 안개와 달빛이 드리울 때 그 주위 섬들이 어떻게 변하는지도 보았답니다.

바다에서

언니는 제가 다시 상해로 갈 거라 예상하셨는지 모르겠지만, 전 지금 필리핀행 배 에 올라 중국해를 달리고 있답니다! 참으로 중국을 사랑하는 A 부인과 너무나 친 절한 친구들 덕분에 이번 상해 방문은 아주 즐거운 시간이었어요. A 부인의 집은 아마 언니도 관심을 가졌을 거예요. A 여사가 손수 설계한 집인데요, 목수, 목공예 꾼, 미장이 등 온갖 기능공들을 중국 도처에서 특별히 불러들여 재료도 모두 최고 급으로 지은 집이죠. 그 결과 서양인이 살기에 불편하지 않으면서도 중국식 선과 색이 완벽히 조화를 이룬 고급스러운 집이 되었어요. 요란스러운 선홍색, 자주색, 금색을 사용했는데도 전체적으로 단순하고 들뜨지 않는 느낌이에요. 집 안팎을 꾸민 목공 기술이 완벽했는데, 저는 특히 집 안에 있는 나무로 만든 작은 사람 형 상이 마음에 들었어요.

언니도 알다시피 A 부인은 중국 시와 정원에 대해 따로 공부를 한 사람이에

요. 25년간 매일 중국어 공부를 한 터라 자기 관심사에 대해서는 훤해요.[*]

중국에서는 그림 그리기에 열중하자는 게 애초의 제 계획이었어요. 광동에서 겨울을 나며 그림을 그리다가 이후 북경으로 이동할 생각이었는데, 영국 영사가 광동 상황이 다시 위험해졌으니 가지 말라고 만류하더군요. 실망이 크긴 했지만 다른 대안을 마련할 수밖에요.

그러던 어느 날 아침, 머리를 뒤로 땋아 내리고 실내복을 걸친 채로 A 부인이 제 방에 찾아왔어요. 부인 말이, 기발한 생각이 떠올랐다는 거예요. "마닐라로 가면 어때요? 계절상으로도 지금이 필리핀에 가기 딱 좋고, 미국 사람들은 모두 당신 그림을 좋아하니까요." 필리핀의 2월은 여름이라 며칠 동안 솜씨 좋은 중국 재단사와 옷을 지었지요. 이렇게 해서 저는 이제 하루만 더 있으면 필리핀에 도착한답니다!

---

[*] A 부인은 《중국의 거울A Chinese Mirror》 등을 집필했다.

필리핀
THE PHILIPPINES

•
•
•

마닐라의 항구Harbor, Manila 1924 채색 목판화 38.1×25.4

6
마닐라에서 '지스트링'까지

·
·
·

바기오에서 쓴 편지 1

마닐라는 기대한 것보다 좋네요. 지금은 좀 심하게 덥지만, 처음 이곳에 도착했을
때는 다시 따뜻한 곳으로 오게 되어 참 좋았어요. 사람들이 제게 마닐라에 있는 동
안 꼭 바기오에 가서 여러 부족을 만나보라고 하더군요. 그 충고를 받아들여서 지
금은 바기오에 와 있답니다. 마닐라에 있을 때 만난 여자 분이 여학교 주소를 하나
줬어요. 원주민 아이들에게 뜨개질을 가르치는 학교인데, 그 학교로 가면 숙소를
해결할 수 있을 거라더군요. 언니도 알겠지만 호텔에 머물면서 토착 원시 부족을
연구하기란 불가능하죠. 학교는 중국이나 한국의 학교와 비슷하지 않을까 싶었는
데, 막상 와보니 이곳의 여자 교장과 그 가족들은 여행객에게 절대 자기 집을 내주
지 않더군요. 물론 잘 곳을 마련해주고 친절히 대해주었지만, 다른 곳에서처럼 토
착민들의 생활을 자세히 살펴볼 수는 없었어요.

이곳 필리핀 산지에는 몇 개의 부족이 살고 있답니다. 일반적으로 통틀어서
이고로트Igorot 족이라 하고, 벵게트Benguet 족, 본톡Bontoc 족, 이푸가오Ifugao 족,
칼링가Kallinga 족 등 여러 부족이 그에 속합니다. 제가 듣기로 벵게트 족을 빼고는

모두 원래 식인종이었다고 해요. 저야 이곳 산골 지역의 언저리만 훑는 정도니 다만 몇 명이라도 진짜 이교도를 봤으면 하고 바랄 뿐이죠. 이푸가오 족이나 본톡 족 지역도 꼭 가보고는 싶지만요.

애초에 일주일이면 원하는 것을 다 할 수 있으리라 여겼는데, 바기오에 온 지 벌써 십 주째네요. 이곳에 오래 산 주민 한 명이 여기 머물며 이고로트 족을 더 그리라고 제게 아주 사정사정 애원을 하고 있어요. 저도 이들을 그리는 것을 좋아해서 그럴까 싶기도 해요.

장이 서는 날은 대단해요. 필리핀 사람들은 장사를 아주 잘하죠. 열대 지방의 맛있는 과일을 가져다 팔기도 하고, 달콤한 음식을 만들어서 팔고, 토산품이나 외지 물건을 가져다 팔기도 한답니다. 원시 부족은 돼지, 고구마, 채소를 가져와 팔아요. 예쁜 토기도 파는데 누가 만들었는지는 잘 모르겠어요. 장날에는 사람들이 모여 물물교환을 하고 흥정을 하고 웃고 먹곤 하는데, 부족별로 서로 거리를 두고 구역을 유지해요. 갖가지 색깔, 인종, 부족이 멋지게 혼재된 이 장면은 다른 곳에서는 볼 수 없는 좋은 구경거리랍니다.

딱 봐도 중국인이다 싶은 장신의 사람들도 여기저기 눈에 띄는데, 옷 가게든 음식점이든 어디든 간에 이 사람들도 장날만큼은 자기네 장사를 접어두고 장터로 나온답니다. 부지런하고 손재주가 많기로는 세상에 중국인만 한 사람이 없는데, 이런 사실은 남쪽으로 내려갈수록 더 분명해져요. 어느 동네에 가든 밤 열 시, 열한 시까지 일감에 몸을 숙인 채 완벽한 솜씨로 끈덕지게 바느질을 해나가는 재봉사를 볼 수 있지요. 바로 지척의 창가에선 아마 필리핀 사람이 빈둥거리고 있을 테고요.

마닐라에서 점잖게 차려 입은 필리핀 시골 여자가 커다란 시가를 입에 물고

바기오의 노파ELDERLY WOMAN, BAGUIO 1923 수채화 27.8×36 HAA 소장

걸어가는 모습을 보고 처음에는 충격을 받았어요.

　　몇몇 부족들은 쉽게 구분이 간답니다. 단발머리에 키가 큰 이푸가오 족은 놋쇠 팔찌BRACELET를 무릎에 차고, 팔에는 비비 꼬아 만든 놋쇠 팔찌ARMLET를 칭칭 감고 다니지요. 대개 붉은색 천외제인 경우도 있어요을 걸치고 다니고, 돼지 두어 마리를 몰고 가는 경우도 종종 있어요.

　　본톡 족은 머리가 길고, 뒤통수에 밀짚으로 곱게 엮은 자그마한 컵받침 모양의 모자를 쓰고 다녀요. 그런데 요즘은 '근사한' 카키색 외제 셔츠를 입는가 하면, 심한 경우에는 바지까지 입고 다니니 참 안타까운 일이죠!

　　벵게트 족도 때로 셔츠를 입어요. 손으로 짠 천 색깔로 이 사람들을 쉽게 구분할 수 있어요. 벵게트 천은 대개 붉은색이 살짝 가미된 청색과 흰색이거든요. 여자들은 구슬 목걸이를 차고 있고, 치마나 윗도리에는 다채로운 색깔의 줄무늬나 격자무늬가 들어가 있어요.

　　아직 이푸가오 족의 집 안을 본 적은 없지만, 벵게트 족의 집보다 안 좋은 편이라면 문명화되었다고 하더라도 형편없다고 봐야겠죠. 얼마 전에 폐결핵을 앓고 있는 젊은 벵게트 족 부인의 집에 갔었는데, 집 안에 창문이 하나도 없었어요. 동굴이나 다름없다 보니 한참이 지나고서야 쇠약한 사람의 형상이 어렴풋이 눈에 들어오더군요. 구석에는 누더기 옷이 몇 벌 걸려 있었고 서까래에는 토속 축제인 '카나오'에서 잡은 동물 해골이 여럿 걸려 있었는데, 거의가 돼지 해골이었어요. 이 해골의 수가 많을수록 부자라고 해요. 다른 물건이라고는 솥, 삽 몇 개, 침대로 쓸 법한 나무판, 곡물 부대 몇 자루가 전부였어요. 일본 북방 아이누 족의 집도 이보다는 덜 끔찍해요.

이푸가오의 남자아이IFUGAO BOY, BAGUIO 1924 채색 목판화 17.8×21.3 HAA 소장

태양은 찬란하지만 심리적으로는 암울하다 보니 농업대학이 마치 천당의 일면을 보는 것처럼 빛나 보이네요. 극동에서 때로 그 직책에 아주 적합한 사람이 일하고 있는 것을 발견하기도 해요. 이 농업대학의 학장은 진정한 인류애를 가진 사람으로, 그가 학교를 얼마나 잘 운영하고 있는지는 학교 구석구석에서 잘 드러납니다. 학생들은 몸을 청결히 하는 법을 배우고, 흥미를 가지고 공부에 임하며, 동지애를 가지고 사람을 대합니다. 제가 직접 겪으며 느낀 바라 자신 있게 말할 수 있어요. 속사정을 모르는 사람은 얼마나 애를 썼는지 짐작도 못할 만큼 일체의 소란 없이 학교 측에서 제 그림의 모델을 구해주었어요. 부족마다 말이 다른 탓에 모델 한 사람을 구하려면 학생 둘을 보내야 하는 경우가 잦답니다. 그런데 나이 많은 사람을 구한다는 제 말에 온 동네를 뒤져 노인 몇 사람을 찾아다주었지 뭐예요.

첫 번째 모델은 제가 직접 발견했는데, 애꾸눈에 나이가 아주 많은 원주민이었어요. 머리에 붉은 띠를 두르고, 몸에 천을 걸치고, 하체에 중요한 부분만 겨우 가리는 지스트링G-String을 걸치고 있었어요. 그 사람네 움막이 꽤 멀리 있어서 제가 있는 곳으로 와주십사 간청을 했죠. 그랬더니 격자무늬 모자에, 이번 일로 새로 장만한 듯한 카키색 셔츠를 입고, 셔츠 아래로 지스트링 끝단이 삐져나온 채로 왔지 뭐예요! 매정하게 들릴 수도 있었지만, 전 셔츠와 모자를 벗어달라고 했어요. 통역을 맡은 청년은 이 이해할 수 없는 서양 여자를 어떻게 생각했을까요. 이 청년은 학교에서 서양식 문화인이 되라는 교육을 받고 있거든요!

방금 이푸가오 족 무사를 그렸어요. 전사복 차림의 이 모델은 하체에 지스트링을 걸치고, 머리에 특별한 장식을 하고, 어깨에 술 장식이 달린 자루를 매고, 손에 사람을 사냥할 때 쓰는 칼을 쥐고 있었어요. 그 사람이 영어를 잘하기에 오래된 관습에 대해 이것저것 물어보았어요. 그는 어렸을 적에 자기 아버지와 다른 전사

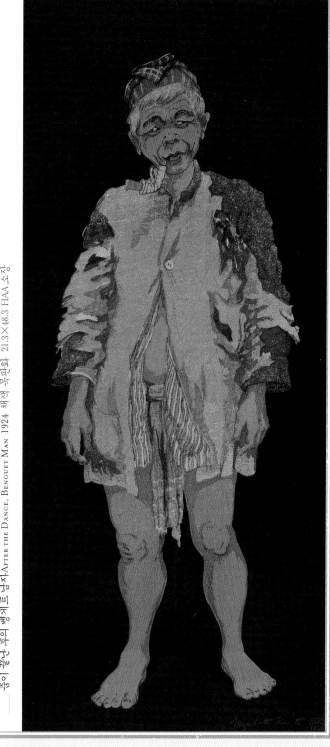

춤이 끝난 후 이 베게트 토 남자 AFTER THE DANCE, BENGUET MAN 1924 채색 목판화 21.3×48.3 HAA소장

바기오의 카누이 춤 한마당THE KANOUI BAGUIO BANGUET DANCE 1924 채색 목판화 37.7×25

가 특별한 춤을 추던 장면을 여자 어른의 뒤에 서서 지켜보다가 겁에 질렸던 기억
이 희미하게 난다고 했어요. 그 춤은 한 사람이 다른 사람의 목을 베는 것으로 끝
이 났다더군요.

한 대학생으로부터 카나오 풍습에 대해 들었어요. 가족 중 누군가의 꿈에 돌아가
신 조상님이 나타나서 돼지나 소 또는 물소 고기를 먹고 싶다고 하면 아침에 일어

나서 그중 하나를 잡는대요. 물론 그럴 만한 돈이 있을 경우에요. 그런 다음 온 가족이 시끌벅적하게 북과 징을 두들기면, 이 소리를 들은 부락 사람들이 이내 모여들어 잔치를 벌인답니다.

잔치에서는 돈이 바닥날 때까지 집에서 빚은 토종 술을 들이키며 춤추고 마시고, 드러눕고 자고, 또 일어나서 춤추고 마신다고 하네요. 여자들은 시중만 들고 술은 마시지 않고요.

허벅지까지 내려오는 셔츠 차림으로 한 손가락에 고깃덩어리_{희생당한 동물의 살점에는 아직 털이 붙어 있고 피투성이에요}가 매달린 끈을 걸고 달랑거리며 걸어가는 신사를 우연히 길에서 보게 되면, 저도 이젠 어디서 카나오가 있었나 보다 해요.

섬의 남쪽 끝에 사는 벵게트 족은 저 멀리 일본 북방의 아이누 족과 닮은 점이 아주 많아요. 그래서 하루는 마닐라에서 온 유명한 민족학자에게 그 말을 했더니 제 말이 맞다더군요. 둘은 원래 같은 종족이었대요. 하지만 두 무리가 갈라진 뒤 몇백 년의 시간이 흘렀으며, 벵게트 족과 아이누 족이 어떻게 그 작은 배로 바다를 건너는 위험천만한 여행을 할 수 있었는지 누가 알겠어요?

벵게트 사람들더러 야외에 나와 춤을 춰달라고 통역에게 간곡히 부탁했어요. 그날 밤 달빛이 아름다웠거든요. 제 청을 들어주기로 한 벵게트 사람들이 커다란 모닥불을 지피고, 모닥불 빛과 달빛을 받으며 춤을 췄어요.

이들의 축제 음악은 사람을 아주 흥분시켜서 듣고 있으면 한바탕 춤을 추고 싶은 마음이 절로 들어요.

할아버지 다섯이서 이야기를 주고받는 모습을 한참 동안 쳐다보았어요. 그 사람들의 표정이나 동작으로 봐서는 종교에 대해 논하는 스코틀랜드인 같기도 하고 정치를 두고 격론을 펼치는 노년의 아일랜드인 같기도 했죠. 어찌 보면 오래된 전쟁담을 늘어놓는 일본인들 같기도 했어요. 통역에게 저 사람들이 무슨 이야기를 하느냐고 물었더니 "크리스천 사이언스"라고 하더군요!◗

┌─ 모로랜드에서 쓴 편지 1 ─┐

바기오에 있으니 며칠이 금세 몇 주가 되고, 몇 주가 또 금세 몇 달이 돼버리네요. "모로 족을 보지 않고는 이곳을 떠날 수 없어요!"라고 다들 말하더군요. 모로 족 또는 무어 족이라는 이름은 스페인 사람들이 붙인 말이에요. 모로 족은 이슬람교를 믿으며 문화적, 역사적으로 말레이시아와 밀접한 관계가 있어요. 하지만 북태평양 지역에서 내려온 저로서는 이곳에서 이슬람교를 믿는 사람들을 보고 깜짝 놀랄 수밖에 없었죠. 스페인은 모로 족을 완전히 정복하지 못했는데, 현재 모로 족 인구는 30만 명가량 돼요. 전에는 몇몇 술탄들이 통치했었지만, 지금 술탄은 명목뿐이고 실질적인 권력은 없어요. 모로 족은 1913년경 필리핀의 3대 총독인 미국인 존 퍼싱 장군에 의해 무장해제되었다고 해요.

모로 족이 사는 곳에 가려면 일단 마닐라로 다시 가서 그곳에서 배를 타야 했어요. 마닐라를 떠나올 때는 친구들이 송별회를 열어주었는데, 아주 성대하고 즐거운 파티였어요. 항구로 갈 때는 호화스러운 자동차를 탔죠. 하지만 제가 탈 작은 배를 보고는 가슴이 철렁했어요. 섬과 섬 사이를 운행하며 남쪽으로 향하는 배였

◗ 키스는 크리스천 사이언스 신자였다.

는데, 저를 제외한 백인 승객은 모로 족과 20년 넘게 살았다는 남자 하나뿐이었어요. 선장은 스페인 사람이었어요.

우리가 탄 작은 배는 출발하자마자 큰 폭풍을 만났어요. 어찌나 덥던지 객실 안에서 잠을 자기가 불가능했죠. 배 안에서 평생 살기로 작정한 듯한 바퀴벌레는 또 어찌나 크고 많은지 죽일 수조차 없었어요. 바퀴벌레는 더듬이가 아주 길더라고요. 한 놈은 거울 밑에서 저를 빤히 쳐다보고 있었답니다. 옷을 갈아입으려 객실 안에 들어가는 것 자체가 고역이었어요. 덕분에 품이 넓고 헐렁한 기모노를 입고 얇은 이불로 몸을 감싼 채 대부분의 시간을 갑판 위에서 누워서 보냈어요. 모든 준비를 도맡아해준 친절한 마닐라 친구가 제가 선장실에서 잘 수 있도록 미리 얘기를 해줬어요. 좀 창피한 이야기지만, 선장은 워낙 예의 바르고 사려 깊은 사람이라 설사 제가 갑자기 발작을 한대도 쳐다보지 않았을 거예요!

이 계절에 부는 폭풍치고는 더없이 사나운 폭풍이 몰아쳤을 때, 고통에 허덕이며 위를 올려다봤더니 구명보트가 매달려 있는 게 보였어요. 위험한 순간에 저를 구하는 게 그 구명보트의 용도일텐데 글쎄 측면이 찢어져 있더라고요. 얼마나 넓게 찢어졌는지, 그 허술한 보트에 몸을 맡겼다가는 순식간에 상어 밥이 되겠다 싶었죠. 될 대로 되라는 마음이 들고 마는, 정말이지 최악의 순간이었어요!

모로랜드에서 쓴 편지 2

밤이면 '게코! 게코!' 하며 소름끼치는 도마뱀붙이 울음소리가 들려요. 그 소리 때문에 저는 모기장 안에 놓인 호사스러운 현대식 침대에 누워서도 벌벌 떨고 말죠. 사실 이 파충류가 사람에게 해를 끼치지 않는다는 건 저도 알아요. 불필요한 곤충들을 게걸스레 먹어치우니 외려 사람들의 친구인 셈이죠. 도마뱀붙이는 그 사촌 격인 도롱뇽보다 다섯 배나 커요.

모로 마을, 필리핀 삼보앙아Moro Village, Zambroanga, Philippine Islands 1924 채 색 목판화 25×38

라나오 호수의 절경과 홀로의 아름다움에 대해서는 저도 익히 들은 터였어요. 에덴 동산인들 이 섬보다 더 아름다울 수 없을 거예요. 홀로_{JOLO}라는 이 작은 도시는 전 세계에서 가장 작은 성벽 도시라고들 해요.

모로 남자들은 입이 빈랑나무 색으로 물들어 있긴 하지만 인물이 좋아요. 여자들은 몸집이 작고 날씬하고 품위가 있는데, 모로 족 여자들과 아기들의 까만 눈을 보면 터키 사람들이 생각나요.

모로 족은 기둥을 세워 그 위에 집을 짓고 골풀 줄기로 지붕을 덮는데, 어떤 집은 나무 장식이 아주 아름다워요. '다터스_{DATUS}', 즉 추장들의 집에는 정교한 조각을 새기는데, 나무에 조각을 하고 그 위에 화사하게 색을 칠해요. 추장들이 타는 그림 같은 배에도 그렇게 하곤 하죠. 모로 족의 놋쇠 주물 기술과 비단 직조 기술은 꽤 높은 수준에 도달해 있어요. 옷은 색이 아주 선명하고, 장식을 많이 넣어요. 남자들은 금박을 입힌 작은 단추로 장식된 바지를 입죠. 한쪽 어깨에는 밝은색 옷감으로 짠 우아한 사각보를 걸치고요. 여자들은 헐렁한 바지와 몸에 꼭 맞는 작은 윗도리를 입어요. 더없이 화사한 색깔의 윗도리에는 아주 작은 금 단추가 달려 있죠. 제가 만난 작은 여자아이 하나는 금으로 된 달러 동전을 윗도리에 달고 있었는데, 돈으로 따지면 40파운드어치더군요.

홀로에서 쓴 편지

모로랜드의 다른 곳과 홀로를 비교하면 이래요. 홀로의 남자아이들은 '야만인 이교도' 같은 표정이 전혀 없고, 삶의 목적이 있는 듯한 인상을 준답니다. 여자들도 자존심이 있어 보이고요. S 부인은 직접 학생들을 가르치지는 않았지만, 도움이 될 만한 적합한 사람들을 이곳으로 끌어올 수 있는 분위기를 만들었어요. S 부인은 '선교사'도 아니고, 특정 종파에 속해 있지도 않아요. 국경과 민족을 초월한 진

131

정한 기독교적 사랑만이 이곳 사람들을 변화시킬 수 있었던 게 아닐까 싶어요.

S 부인이 이곳 토착민들과 대화하는 모습을 지켜보는 건 아주 즐거운 일이에요. 인종의 대비가 아주 뚜렷하거든요! S 부인은 18세기 영국 대가가 화폭에 담았을 법한 우아한 미모를 지녔고, 1890년대에 유행하던 발밑까지 내려오는 스타일의 예쁜 파랑색과 분홍색 옷을 입어요. 한때 사교계를 주름잡던 여인이 이런 삶에 만족한다는 것이 놀라울 수도 있겠지만, 밝은색 옷을 입은 슬픈 눈동자의 '아이들'과 함께일 때 S 부인은 진심으로 행복해하고 또 모로 족도 그녀를 존경한답니다.

이곳 농업학교 교장도 모로 족을 깊이 이해하는 사람이고, 모로 족도 그를 아주 좋아해요. 이처럼 진심을 담아 일하는 사람들에겐 모로 족도 화답을 하고 신뢰를 보내죠. 하지만 이런 곳에서 오래 지내다 보면 사람이 생경하게 변하기 마련이고 자신의 문명과는 멀어지기도 해요.

얼마 전만 해도 필리핀이나 스페인, 미국 사람들은 날이 저문 후에 이 작은 마을 홀로의 성벽 밖으로 나갈 엄두를 못 냈다고 해요. 신변이 아주 위험했으니까요. 지금은 누구든 두려움 없이 자유롭게 섬의 이쪽 끝에서 저쪽 끝으로 다닐 수 있게 됐죠. 저도 홀로에서는 전혀 염려를 하지 않아요.

모로 족 강도단 두 명 때문에 마을 사람들이 2년간 공포에 떤 적도 있었대요. 그중 한 사람이 양심의 가책을 느껴 자수를 했는데, 이 강도가 홀로 지사가 아니라 S 부인을 찾아와서는 담당 관청에 말을 잘해달라고 애원을 하더래요! 물론 그 강도가 혼자 온 건 아니었어요. 추장 내외와 추장의 자식, 친척 들까지 같이 왔다더군요. S 부인은 잔치 음식을 준비하라고 이르고, 엄숙히 죄를 언도했죠. 서둘러 마련된 식사 자리였는데도 모로인들은 행사용 의복까지 챙겨 입고 와서 아주 심각한 표정을 짓고 있었대요.

제가 모로 족 여인을 처음 본 것은 비가 마구 쏟아지던 어느 날 S 부인과 같이 길을 가다가였어요. 우린 막 모퉁이를 돈 참이었죠. 그때 갑자기 비가 멈췄고, 화사한 색깔로 차려 입은 호리호리한 여인들에게 햇빛이 비췄어요. 몸집이 아주 자그마하고 눈이 커다란 이 여인들의 손에는 밝은 초록색의 커다란 바나나 잎이 들려 있었는데, 다 찢어진 채였어요. 모로에서는 바나나 잎을 우산으로 쓴답니다. 차츰 구름이 걷히고 구름 사이로 햇빛이 비치면서 금빛, 노란빛, 초록빛, 붉은빛 등이 모두 뒤섞여 너무나 풍성하고 놀라우리 만큼 강렬한 색채를 만들어냈어요! 그 색감이 얼마나 아름답던지요. S 부인을 보자 여인들은 환한 미소를 띤 채 다정하게 그 작은 손을 흔들어주었어요.

하루는 홀로에서 일주일은 걸려야 갈 수 있는 곳에서 모로 족을 그리고 있었어요. 이들은 문명사회의 영향에서 멀리 떨어져 있는 사람들이었죠. 제가 도쿄에서 일어난 대지진 소식을 접한 건 바로 그 다음 날이었어요. 열심히 그림을 그리긴 했지만, 도쿄에서 벌어진 끔찍한 장면과 사랑하는 제 친구들이 위험에 처했다는 생각이 내내 머릿속에서 떠나지 않았어요. 그러다 통역을 맡은 열일곱 살 남자아이에게 물었죠. "일본에서 끔찍한 지진이 났다는 이야기 들었니?" 그러자 아이가 "아니요!" 하고 대답을 하더군요. 그래서 저는 그 아이에게 그런 사건이 생기면 얼마나 무섭고 슬프고 비참한 일들이 벌어지는지 설명해주었죠. 제가 말하는 동안 그 아이가 사람들에게 통역을 해주었는데, 저는 주위 사람들이 무관심하거나 다소 즐거운 듯한 표정까지 짓는 걸 보고 깜짝 놀랐어요. 그래서 통역하는 아이에게 "이 사람들은 안됐다고 생각하지 않나 봐?" 하고 물었어요. 주위 사람들이 낮게 웅성거리는 소리가 들렸고, 그 아이는 목소리에 잔뜩 힘을 실어 이렇게 답했어요. "그럼요, 참 잘됐다고 생각해요. 우리는 크리스천들이 다 죽길 바라요!" 이들에게 이슬람교가 아닌 사람은 다 크리스천이랍니다. 홀로에서였다면 이런 말을 들을 일은 없었을 거예요.

모로 지방에는 초록색과 흰색이 섞인 앵무새들이 많이 날아다녀요. 나무줄기는 아주 길게 뻗어나가고, 나무 양옆으로는 기생식물들이 보기 좋게 늘어서 있죠. 과일에서는 아주 짙고 묘한 향이 나요. 또 언덕은 아름다운 곡선을 그리며 지평선을 만들어내는데, 누가 일부러 설계라도 한 양 아득히 높은 곳에는 곧게 뻗은 나무들이 서 있답니다. 하늘과 거기에 떠 있는 구름은 경이로울 만큼 아름다워요.

자연을 배경 삼아 줄지어 걸어가는 모로 족을 보고 있으면 늘 프리즈Frieze◐가 생각나요. 이 사람들은 위엄이 아주 대단해서 마치 왕이나 개선군처럼 걸어가죠. 허리에 칼을 차고 머리에 근사한 두건을 두른 노인들은 그림 같은 옷차림새를 하고 건들건들 거들먹거리며 걸어가요. 그 모습이 마치 열대 숲속의 새들처럼 자유로워 보인답니다. S 부인이 이 섬에 얼마나 좋은 영향을 미쳤는지 행여 그 증거가 필요하다면, 홀로에 있는 모로 아이들과 그 부모들이 얼마나 다른지 비교해보면 돼요. 아이들은 인물도 좋은 데다 청결하고 얼굴에 문화인다운 표정이 깃들어 있어요.

◐   방이나 건물의 윗부분에 그림이나 조각을 사용해 띠 모양으로 두른 장식.

7
'마마'와 열 명의 부인

．

．

．

모로랜드에서 쓴 편지

열 명의 부인을 둔 '마마'라는 사람에 대해서 익히 들은 터였는데, 제가 홀로를 떠나던 날 그가 저를 잔치에 초대했어요. 부자라서 그런지 그렇지 않고서야 어떻게 그 많은 처첩을 거느리겠어요? 집이 아주 '웅장'하더군요. 호기심에 찬 눈길로 저를 힐긋거리는 아이들이 집 안 곳곳에 있었죠. 주인 남자는 잘생겼다기보다 발 빠르게 움직이는 사람이었어요. 우리가 도착하자 그는 들뜬 눈치였어요. 부인들에게는 이미 이것저것 해야 할 일을 지시해둔 터였죠. 그렇다 보니 저도 부인들을 한꺼번에 세 명 이상 붙들어두고 스케치를 하기가 힘들더군요. 결국 제일 나중에 얻은, 마마가 제일 좋아하는 부인 둘을 그의 양 옆에 두고 스케치를 했어요.

'마마'는 도무지 가만히 앉아 있지를 못하는 반면에 여자들은 얌전했어요. 세 사람을 그리는 동안 다른 부인 셋은 요란하게 몸치장을 하고 있었죠. 그러다 마침내 부인 일곱을 스케치하고 아직 마무리는 다 하지 못했을 즈음, 어떤 사람이 흥분한 채 뛰어와 배가 예정보다 세 시간 일찍 떠나게 됐다지 뭐예요. 그러니 작업을

135

접는 수밖에요. 세상이 이렇게 불공평할 수가 없어요! 첫 번째 부인은 아예 나타나지도 않았어요. 그 부인은 제일 늙은 데다 애꾸눈이라고 하더군요.

넓은 호수 건너편에는 자그마한 모로 마을이 있는데, 진작부터 가보고 싶었던 곳이었죠. 마침 이곳 교육감이 그 일대 학교를 돌며 시찰을 나갈 일이 생겼는데, 그 길에 모터보트로 저를 마을에 데려다 주고 시찰이 끝나는 다음 날 다시 데려오면 어떻겠느냐고 하더군요. 그래서 같이 가기로 했죠.

그곳에서 모로 아이들을 위해 작은 마을 학교를 운영하는 헌신적인 필리핀 청년을 만났어요. 그를 도와주는 사람이라고는 열여섯 살짜리 필리핀 여자뿐이었어요. 그 청년은 어릴 적부터 모로 족을 깊이 사랑하게 되어 그들을 가르치고 돕는 일에 평생을 바치기로 마음을 먹었대요.

이 청년이 모로 사람들에게 미친 영향은 대단해요. 모로 족이 청결을 대단히 중시하게 된 것도 이 청년의 가르침 덕분이라는군요. 마을 사람들은 서로 경쟁이라도 하듯 자기네 부락을 깨끗이 했고 집도 말끔히 치웠어요. 마을과 마을을 잇는 길도 닦였고, 예전처럼 똥이 수북이 쌓여 있는 모습도 사라졌죠.

필리핀 여선생의 가장 큰 낙은 여배우 사진 수집이에요. 모아둔 사진을 제게 보여주었는데, 제가 배우들을 하나도 모르는 것을 보고는 아주 경악을 하더군요. 사실 이름을 아는 배우가 한 명도 없었거든요!

집은 여선생의 이모가 돌보고 있었어요. 그 집에는 선생 둘에, 여선생의 이모 내외와 아이 둘이 살고 있었는데, 그 남편은 저녁때가 되어야 집에 와요. 필리핀 사람들 집이 다 그렇듯 그 작은 집은 아주 말끔히 치워져 있었어요. 우리는 간단한 점심 대접을 받았고 모든 것이 괜찮았어요.

교육감이 저를 두고 가기 전에 이런 말을 했었어요. "방은 혼자서 쓸 수 있을 테고, 다 괜찮을 겁니다." 그런데 아무리 보아도 그 집엔 거실 하나, 침실 하나, 요리하는 헛간 하나가 다인 터라 속으로 의아해하고 있었죠.

그날 스케치를 끝내고 집에 돌아와 침실을 봤는데, 방에 있는 물건들로 봐서 그 방은 원래 남자 방인 듯했어요. 그래서 여선생에게 "선생님은 어디에서 자나요?" 하고 물었죠. 그랬더니 부엌을 가리키면서 "저기서요!" 하더군요. "그러면 남선생은요?" "저기요!" "아이들은요?" "저기요!" "이모부가 돌아오면요?" "저기요!" "그러면 이모는요?" 여전히 그녀의 대답은 "저기요!"였어요.

"그렇다면 이 방을 나랑 같이 써요"라고 했지요. 다행히 그 방에는 침대가 두 개 있었어요. 그래서 그날 여선생과 같이 지냈는데, 그 여자는 옷을 다 입은 채로 자더군요. 하다못해 양말까지도요. 침대라는 것도 프레임 안에 대나무를 깔아 놓은 게 전부였어요. 딱딱하긴 했지만 대나무 매트는 아주 청결했고 베개도 따로 준비돼 있었어요. 남선생과 이모, 다른 식구들은 모두 큰 모기장 안에 들어가서 밤새 이런저런 이야기를 나누더군요.

이튿날 교육감의 보트가 고장이 나서 저를 데리러 오지 못한다는 전갈이 왔어요. 그래서 다른 사람이 저를 옆 마을로 데려다 주었죠. 그곳에는 남편이 군인인 필리핀 부부가 살고 있었는데, 그 남편이 자기 배로 저를 호수 건너편까지 데려다 주기로 했죠.

땅에는 햇빛이 쨍쨍 내리쬐고, 하늘에는 이제껏 한 번도 본 적 없는 독특한 모양의 구름이 켜켜이 쌓여 있고, 저 멀리 펼쳐진 산은 짙은 푸른색을 띠고 있었어요. 그런데 우리가 출발하자마자 갑자기 모든 것이 달라지고 말았어요.

시커먼 구름이 몰려오자, 저는 몸을 바르르 떨었어요. 필리핀 장교가 허리를 구부리며 제게 묻더군요. "오늘 꼭 돌아가셔야 하나요?" 제가 "위험하다면 그러지 않아도 되요" 하고 말하자 그는 즉시 배를 돌렸어요. 만약 제가 꼭 가겠다고 했다면 아마 그 사람은 위험을 무릅쓰고서라도 호수를 건넜을 거예요. 동양에서는 손님이 원하거나 요청하는 건 뭐든 들어줘야 대접을 잘한다고 여기니까요.

순식간에 우리를 둘러싸던 시커먼 구름 장벽처럼 호수 물도 시커멓게 변해 있었어요. 비가 억수같이 쏟아졌죠. 시커먼 장벽이 한 쪽에서 다른 쪽으로 옮겨가나 싶더니 또 한차례 비가 마구 퍼부었어요. 우리는 하얀 크로셰 덮개와 플러시천 액자 그리고 친절한 필리핀 부인이 기다리고 있는, 먼지 하나 없이 깨끗한 집으로 기적처럼 그때는 그런 생각이 들었어요. 다시 돌아왔어요. 아무리 생각해도 그때 일이 현실이었나 싶답니다.

이틀씩이나 빵을 못 먹다 보니 빵부스러기라도 맛있게 먹을 지경이라는 말을 제가 무심코 뱉었는데, 그 천사 같은 필리핀 여인이 금세 나가 빵을 구워왔답니다. 필리핀 사람들의 친절함이란!

두 시간 뒤 교육감이 도착했어요. 본인은 똑바로 간다고 갔는데도, 호수에 내리는 굵은 빗발이 장벽을 이룬 탓에 나중에 보니 한 바퀴를 돌아 다시 출발점으로 돌아와 있더랍니다. 구름이 걷히고서야 겨우 방향 감각을 찾았다더군요.

우리는 다 같이 즐겁게 식사를 했어요. 주인 내외가 교양 있는 사람들이라 대화가 아주 즐거웠어요. 모두 무사하다는 사실에 다들 무척 행복해했어요.

아직 모로랜드에 있어요. 여기서는 장날이 일주일 중 제일 좋은 날이랍니다. 하루는 어느 젊은 신사와 함께 장에 가기로 했는데, 그 사람은 영어를 조금 할 줄 아는 것을 무척 자랑스러워했어요. 저는 그 사람이 '다투'의 아들, 즉 추장의 아들이라 짐꾸러미를 드는 것 같은 천한 일을 하지 않는다는 걸 모르고 있었어요. 제가 그 사람더러 제 스케치 도구 가방을 건네자, 그는 몇몇 사내아이들더러 제 짐을 들라고 손짓을 하더군요. 그래서 제가 사람이 왜 그렇게 게으르냐고, 가방을 든 사람에게만 돈을 지불하겠다고 했죠. 그랬더니 그 젊은 신사는 짐을 짊어진 사내아이 둘만 남겨둔 채 이내 어디론가 사라져버렸어요. 그러다 제가 두 아이에게 줄 바나나

모로의 배 MORO VINTA, JOLO, SULU 1924 채색 목판화 47×33 HAA 소장

를 사느라 지갑을 꺼냈다가 입고 있던 승마복 주머니에 다시 넣으려는데, 한 남자가 제게 다가왔어요. 그러고는 유창한 영어로 "부인, 이 시장에는 '도둑'이 많으니 지갑을 보이지 마십시오. 모든 사람들이 정직하지는 않습니다" 하더군요. 참 고마웠어요. 나중에 알고 보니 그 사람은 사복을 입은 경찰이었어요.

시장은 스케치하기에 아주 재미난 곳이에요. 호수 이쪽저쪽에서 계속 배들이 모여들죠. 길쭉한 배는 대개 통나무 하나를 파서 만드는데, 배 한 척당 사공이 여럿이랍니다. 돛에는 줄무늬나 형형색색의 사각형 무늬를 넣고, 밝은색으로 칠한

139

라나노 호숫가의 모로 시장 Moro Market, Lake Lanano 1924 채색 목판화 25.5×37.8

배에는 조각이 새겨져 있어요. 남자와 여자 들이 걸친 각양각색의 옷과 모자는 아주 근사하죠. 배란 배에는 모조리 과일과 채소가 산더미처럼 실려 있어요.

장이 서는 언덕에 사람들이 떼를 지어 모여 있었어요. 하늘은 마치 지붕처럼 펼쳐져 있었고, 어디를 보나 흥에 들뜬 사람들과 물건들이 가득했죠. 사람들은 맛있는 냄새를 풍기며 요리하는 여인들을 둘러싼 채 서거나 앉아서 음식을 먹고 있었어요. 어떤 사람들은 코코넛 주스를 마시고 있었고요. 초록색, 빨간색, 하얀색 케이크도 있었어요. 카사바 뿌리며 다른 열대 과일과 채소도 있었어요. 옷도 한 보따리씩 쌓여 있었고 안타깝게도 대부분 유럽식이었어요. 넓은 챙을 아래로 늘어뜨린 모자도 있었어요. 다투들도 여럿 눈에 띄었어요. 점잖은 행동거지, 우아하게 떨어지는 윗도리, 이곳 사람들이 사롱Sarong 또는 말롱malong이라고 부르는 옷을 조심스레 두르고 다니는 모습을 보면 다투라는 걸 알 수 있답니다. 윗도리는 파란색이나 노란색이 많은데, 반짝이는 단추가 여러 개 달려 있어요. 버섯 모양의 모자는 빨간색인 경우가 많지만 초록색이나 까만색 칠을 하기도 해요. 이 모자는 결이 고운 대나무를 납작하게 펴서 만들어요. 남자들은 지팡이를 가지고 다니는데, 지팡이 끝에 달린 은 장식은 모로 족의 솜씨예요. 여자들은 직접 짠 아름다운 색깔의 천과, 남자들의 사롱 밑단으로 쓰이는, 무늬가 들어간 긴 비단을 팔고 있었어요. 참 멋진 장면이었어요.

그날 오후, 장날 풍경을 스케치하고 있는데 다투의 젊은 아들이 돌아와서 아침에 자기가 가버린 이유를 설명했어요. "배가 몹시 아팠습니다!" 그러고는 배가 아팠던 이야기를 한참 늘어놓더니 "이런, 전 아버지 일을 도우러 가야겠어요" 하며 황급히 방을 빠져나갔어요. 제가 앉아 있던 의자 뒤에 코트를 걸어놓았는데, 글쎄 그 젊은이가 제 코트 주머니에서 지갑을 슬쩍했더라고요.

지갑이 없어진 사실을 안 즉시 경찰서로 갔어요. 모로 족 성인 중에 영어를 하는 사람은 드문데, 제 말을 알아듣는 경찰관 한 명을 찾아냈죠. 한참 설명을 한 뒤 우리는 그 다투가 사는 집을 찾아갔어요. 아침에 따라왔던 그 듬직한 사내아이 둘과 경찰관 몇 명에다 점점 불어나는 구경꾼들 주로 어린 남자아이들이었어요!까지 우리를 따라왔어요.

우리는 늪지대를 건너갔어요. 조금만 무게가 실려도 휘청대는 대나무 난간 사이로 균형을 잡으며 가야 했어요. 여차하면 진흙탕 신세가 될 상황이었어요. 우리를 만나러 나온 사람은 엄숙하고 위엄 있는 표정에 서양식 옷을 입고, 머리에는 터번을 쓰고, 밤색 장화를 신고 있었는데, 장화가 하도 낡아서 본래 모양을 찾기가 힘들더군요. 이미 소식은 바람을 타고 전해진 터였죠. 자기는 전혀 개의치 않는다는 듯, 그 다투는 우리를 아들네로 데려갔어요. 사방에서 우릴 쳐다보던 여인들과 아이들의 표정은 무심하기만 했어요.

저는 이 이상한 사람들 틈에 앉아 짧게 이야기를 했어요. 제가 그 다투에게 자초지종을 설명하고 사복 경찰이 통역을 했는데, 듣고 있던 사람들의 얼굴에는 전혀 표정이란 게 없었어요. 아무 대답도 없었죠. 그저 무덤덤하기만 했어요.

그래서 전 다시 이야기를 시작했어요. "여러분도 알다시피 서양인들은 여러분을 좋아해요. 나도 서양 사람이고요." "홀로 알지요?" 물론 그들은 알고 있었어요. "나는 홀로에 있는 그 외국 부인과 친해요. 여러분도 그분을 좋아하지요?" 그렇다고 하더군요. "내가 그 부인에게 오늘 일어난 일을 다 말할 겁니다. 이런 창피한 일이 벌어진 것을 알면 부인도 상심이 크시겠죠." 말을 하다 보니 언성도 높아지고 감정도 격양돼서 더 흥분하면 안 되겠다 싶어서 최대한 권위를 잃지 않으려고 애쓰면서 그 자리를 떠났어요. 뒤에서 감탄 어린 말과 우호적인 말이 웅성웅성 들려오더군요.

며칠 만에 지갑이 돌아왔어요. 경찰관 수고료만 제하고 원래처럼 꽤 두툼한 채로요.

모로의 남자아이들은 모두 교육을 받지만 여자아이들은 여전히 격리된 채 배울 기회 없이 청소년기를 보낸답니다. S 부인은 여자아이들을 자유롭게 하기 위해 최선을 다하고 있어요. 그녀의 오랜 소원은 모로 족 여학교를 세우는 것이에요.

보르네오로 가며

여행길이 짧긴 하지만 사람들 말로는 어느 섬에서든 자연 상태의 악어를 볼 수 있다고 하더군요. 그래서 일주일간 악어를 찾아다녔지만, 제가 제일 가까이 다가갔다고 할 수 있는 건 악어에게 다리를 물린 적이 있는 말을 타본 게 고작이랍니다!

제가 기억하기에 최고로 덥던 어느 날, 한 섬에 도착해서 아침 11시쯤 아주 기분 좋게 수영을 즐겼어요. 오후에는 말을 빌려 사람들과 함께 승마를 했고, 배 있는 데로 돌아왔을 때는 이미 오후 5시였어요. 홀로에 있을 때는 오후 5시면 늘 수영을 하곤 했죠. 그래서 제가 아침에 갔던 곳에서 수영을 하자고 했더니 사람들이 하나같이 절대로 안 된다는 거예요. 그 시간에는 바위나 나무등걸에 악어 떼가 우글거린다는 이유에서였죠. 주지사의 어린 아들만 용감하게 나서더군요! 악어들이 가까이 있다고 생각하니 여간 무섭지 않았는데, 정작 악어는 한 마리도 못 봤어요. 하다못해 새끼 악어도요!

여러 섬을 거쳐 보르네오에 도착했을 때, 일행 중 여자는 미국인과 결혼한 필리핀 여자, 영국인과 결혼한 스페인 여자, 그리고 저뿐이었어요. 여남은 명의 모로 사람

⦿ 홀로에 모로 족 여학교를 세우겠다는 S 부인의 오랜 꿈은 그로부터 일 년 뒤 내가 미국에 있을 때, 부인의 오랜 친구가 도움을 준 덕분에 현실이 되었다. 홀로 역사상 첫 번째 여학교였다.

들이 드넓은 코코넛 밭을 따라 우리에게 길을 안내했어요. 처음에는 시원한 코코넛 밭 깊숙이까지 들어가서 무척 상쾌했어요. 사방이 청회색이었고, 열대림의 짙은 향기가 우리를 에워쌌죠. 나무들이 얼마나 수려하게 자랐는지 그 모습을 보고 있으려니 눈이 호강이다 싶더군요. 완전무결하게 대칭을 이루고, 한 치의 어긋남도 없이 질서 정연하게 줄지어 선 나무들의 모습은 정말 매력적이었어요. 그런데 한 시간이 지나자 비명이라도 지르고 싶은 심정이 되고 말았어요. 어서 빨리 이 밀림에서 벗어나 탁 트인 공간에서 다시 자유를 느끼고 싶어졌죠. 숲의 단조로움을 깨는 유일한 풍경이라고는, 가끔 보이는 오두막과 그곳에서 늘쩍지근한 검은 눈동자로 우리를 바라보는 어둡고 무표정한 얼굴들뿐이었어요. 차츰 원시림의 아름다움이 끔찍하게 다가왔고, 반쯤 썩은 코코넛은 역겹게만 보였어요. 죽어서 축 늘어진 나뭇잎은 수많은 뱀들처럼 보였고, 발에 밟히는 흙은 눅눅하고 뜨거웠어요.

라나오 호수로 가는 길에서

라나오 호수로 가는 배가 다시 출발하기를 기다리는 중입니다. 우리가 정박한 어느 작은 섬의 해안 근처에 커다란 나무를 자르는 목재소가 있었어요. 우리는 늪지대를 통과해 그곳에 가보기로 했죠. 우리가 지나친 길과 물가에 나무등걸이 있었는데, 꼭 목이 없는 시체 같았어요. 점액질의 걸쭉한 액체 같은 물에는 악어 떼가 우글거린다더군요. 맹그로브❶ 늪지였는데 온통 습기로 가득찼어요. 백인은 한 사람도 없었고요. 목재소 일꾼은 모두 필리핀 사람들이더라고요.

어느 젊은 필리핀 여자 승객이 그 섬에 사는 자기 이모네로 저를 초대했어요.

---

❶　강가나 늪지에서 뿌리가 지면 밖으로 나오게 자라는 열대 나무.

닭싸움을 기다리며 WAITING FOR THE FIGHT (MORO BOY₂ LAKE LANANE, P. I.) 1924 채색 목판화 21.3×47.9

우리는 징그럽게 긴 넝쿨들에 둘러싸인 채 제멋대로 자란 나무 아래를 지나갔죠. 덤불에서는 죽음의 냄새가 났어요. 우리는 끈적하고 질펀한 진흙길을 지나 그 집에 도착했어요. 가난하고 보잘것없었지만, 필리핀 사람들의 집이 대개 그렇듯 깨끗하게 정리되어 있었어요. 그것도 장식이라고 생각해서였겠지만 벽에는 잡지에서 떼어낸 사진이 붙어 있었고요. 싸구려 축음기에서는 천박한 노래가 흘러나오고 있었죠. 우리가 가까이 가자 이모네 식구들이 움찔하며 물러섰어요. 분위기가 어찌나 답답하던지 무례를 범하지 않는 선에서 서둘러 그곳을 빠져나왔어요.

배가 늪지대 인근에서 하룻밤을 정박했어요. 제가 유일한 백인 승객이었죠. 승객 중 제법 잘생기고 얼굴이 검은 청년이 아침 인사를 하기에 저도 상냥하게 답했어요.● 처음에는 무척 어리둥절했어요. 그 사람의 영어 발음은 순수 미국식이었는데, 뜬금없이 인종 문제에 관한 이야기를 꺼내더라고요. 그는 약간 주저하면서 이야기를 했고, 저는 예의 바르게 대답했죠. 그 사람 이야기는 이랬어요. "저는 늘 영국 사람을 좋아했어요. 저한테 친절하게 대해주거든요. 한번은 제가 홍콩에서 영국 선원과 싸움이 붙었습니다. 그 사람이 저를 깜둥이라고 불렀거든요. '저를 흑인이라고 부르는 것은 괜찮지만, 깜둥이는 안 됩니다' 하고 제가 말했죠. 그러자 그 선원이 사과를 했어요. 그 후로는 늘 영국 사람들을 좋게 생각하고 있습니다."

그제야 불현듯 왜 제가 어리둥절했었는지 알겠더라고요. 그의 검은 눈동자에 어린 낯선 느낌과 굵은 목, 유인원처럼 거대하면서도 잘빠진 그의 몸매 때문이었어요. 필리핀 사업가 두 사람이 제 쪽으로 다가오자 그 '흑인'은 자리를 떠났어요. 돌아서는 그 남자의 뒷모습에서 느껴지는 연민이 이 잔혹한 열대의 늪과 절묘히 맞아떨어지는 것 같더군요. 이 열대의 풍경에는 아름다움이 없어요. 이 열대의 이면에는 추악한 욕망과 살인, 증오, 비밀, 절망만이 도사리고 있죠.

● 물론 이 일은 내가 미국에 가보기 전의 일이다.

8
모로 왕족

•

•

•

사실 전 그 이면에 도사린 추한 것들을 외면한 채, 이 섬을 그저 휘휘 옮겨다니며
아름다운 것만 골라 단지 겉모습만 즐기면 된다고 스스로를 속여왔어요. 하지만
때로 그게 아니었구나 싶어요. 집으로 돌아갈 가망도 없이 이런 곳에 정착할 수밖
에 없는 처지라면 지옥이 따로 없을 테죠. 이곳에서 너무 오래 살다 보니 고향으로
돌아갈 용기조차 선뜻 내지 못하게 된 외로운 이들의 이야기를 들은 적이 있어요.
언제 그 이야기도 편지로 들려 드릴게요.

며칠 전에 필리핀식 돼지구이 파티에 갔어요. 야외에서 돼지를 대나무 꼬챙이에
끼워 돌리며 구웠는데, 손님은 스무 명 정도였어요. 이 작은 섬의 경찰서장 부인이
연 파티였죠. 자그마한 체구의 서장 부인은 파티가 진행되는 내내 품위를 잃지 않

고 점잖게 행동했어요. 몇 차례나 천천히 돌려가며 돼지를 굽더라고요. 돼지 뱃속에 이런저런 맛있는 것들을 집어넣고 구웠는데, 식욕을 돋우는 냄새가 났어요. 우리는 수영을 한 뒤 시원한 베란다에서 음식이 준비되기를 기다렸죠. 몇몇은 앉아 있고, 몇몇은 서 있었어요. 손님들에게 막 구운 돼지고기를 올려놓고 먹을 수 있도록 널찍한 참나무 잎을 접시 대용으로 나눠줬어요. 음식은 아주 맛있었는데, 아무리 그래도 그렇지, 사람들이 어찌나 많은 양을 태연히 먹어치우는지 정말 놀라지 않을 수가 없더라고요.

　그 후에는 운동 경기가 펼쳐졌어요. 모로 사람들은 밝은색 옷을 입고 경주를 했어요. 카라바오Carabao라는 필리핀 물소로 소싸움을 붙이려 했지만, 그 순한 동물들이 좀체 말을 듣질 않았죠. 전 지루해져서 살짝 자리를 빠져나와 시원한 곳에 앉아 있었어요.

　여러 차례 춤을 추고 또 한 번 식사를 한 뒤 우리는 그만 일어나기로 했어요. 목청껏 소리 지르며 붙잡는 사람들이 많았지만, 우리 일행은 돌아가는 배 시간에 맞춰 떠날 수밖에 없었어요. 우리가 떠난다는 말을 듣고 그 친절한 필리핀 여주인이 진심으로 섭섭해하는 바람에 저도 미안하더라고요. 필리핀 현악기가 만들어내는, 긁어서 내는 듯한 재즈 선율이 그 자리를 떠난 뒤에도 한참 동안 귓가를 맴돌았어요. 물, 숲, 개천, 언덕 등 그곳 경관의 형언하기 힘든 아름다움과는 어쩐지 잘 어울리지 않는 음악이었어요.

이곳은 물이 따듯해서 수영하기에 아주 좋아요. 다만 수영을 하거나 몸을 씻을 때 주의를 기울이지 않았다가는 산호에 아주 끔찍하게 베이거나 긁히고 만답니다.

　달빛이 비치는 따듯하고 향기로운 밤에는 별들이 유난히 밝아 보여요. 주지사의 집에는 집 전체를 빙 둘러 베란다가 있어요. 호숫가를 따라 다닥다닥 맞대고

겹겹이 들어선 모로인들의 집이 이곳 베란다에서 보이는데, 가끔 그 집들에서 불이 깜박거리기도 한답니다. 깊고 검은 코코넛 밭도 보이고요. 호수처럼 잔잔한 바닷가를 따라 걸어가는 모로인들의 모습도 보여요. 벌거벗은 장신의 모로인들이 이 돌에서 저 돌로 우아하게 걸음을 옮기죠. 야자수로 만든 기다란 횃불을 창처럼 머리 위로 높이 치켜들고 가는데, 횃불에서 나오는 열이 워낙 뜨거워서 그렇게 한다는군요. 야자수 나뭇잎에 타르를 바른 뒤 끝에서 30센티 남짓의 묶지 않아 솔처럼 생긴 부분을 불이 붙을 때까지 세게 후려치면 아주 훌륭한 횃불이 된다고 해요.

　　모로 남자들은 힘이 좋고 몸이 유연한 데다 인물도 좋고 품위가 있어요. 불빛이 비치면 그 아름다운 풍채가 드러났다가 불빛이 사라지면 다시 어둠 속에 묻히죠. 횃불이 너무 밝아 물고기가 보이지 않을 때는 허리를 굽혀 창으로 내려찍어요. 횃불은 항상 왼손으로 높이 치켜들고, 대개 일고여덟 명이 한 조가 돼요. 이 인간 프리즈가 이동할 때면 사람들의 즐거운 말소리와 웃음소리가 커졌다 작아졌다 한답니다.

며칠 전에 친구 한 명과 말을 타러 갔는데, 이것저것 장식이 된 집에서 모로 추장의 딸이 나오더니 손짓으로 우리를 불렀어요. 우리는 말에서 내려 집으로 들어갔죠. 집 안에서는 소녀의 성인식 비슷한 의례를 준비 중인 듯했어요. 실내는 화려하게 장식돼 있었고, 축제복을 차려입은 친구들도 모여 있더군요. 음식은 푸짐하게 차려져 있었고 '이맘IMAM❶', 그러니까 성직자들도 여러 명 와 있었어요.

　　한 사내가 자그마한 소녀를 어깨에 태우고 입장했어요. 결혼식 때 사용하는

─────────

것과 똑같은 커다란 빨간색 양산 두 개가 행렬에 아름다운 색채를 더해주었죠. 모여든 군중과 주인공의 아름다운 모습은《아라비안나이트》의 한 장면 속으로 우리를 데려갔어요.

소녀의 얼굴은 하얀 물분을 발라 완전히 백색이었어요. 남자가 그 방의 유일한 가구인 침대 위에 소녀를 앉히자 다른 소녀 두 명이 그녀의 양쪽 옆에 앉았어요. 그 소녀 앞에 줄줄이 무릎을 꿇고 앉은 성직자들이 코란 구절을 읊조리자 앳되고 높은 목소리로 소녀가 답을 했어요. 사람들이 더 모여들었고, 성직자들의 음송이 끝나자 만찬이 시작되었죠.

우리는 자리를 나와 조랑말을 타고 터덕터덕 모래사장을 내려갔어요. 모래가 탄탄해서 물가를 따라 달리는 기분이 아주 좋았어요.

여러 나라를 여행하면서 미술의 세계만이 진정 민주적인 세계라고 생각하게 됐어요. 모든 사람이 미술가의 친구이고, 모델은 특히 그렇죠. 설사 그 사람이 애꾸눈 사내라 해도 원주민을 모델로 그릴 수 있는 기회가 잠시라도 생기면, 그 순간만큼은 제 세계의 어떤 문화적 여건이나 그 무엇도 제 머릿속에서 사라져요. 제가 여기서 말한 애꾸눈을 다른 종류의 애꾸눈으로도 볼 수 있는데, 남자가 됐든 여자가 됐든 흔히 말하는 개명한 상태와 대조되는 원주민들의 정신적 상태를 지칭한다고도 할 수 있겠죠.

이런 사설을 길게 늘어놓는 이유는 제가 왜 모로 왕족의설사 그 분이 술탄이래도 티파티에 초청을 받고도 별로 대단치 않게 여겼는가를 설명하기 위해서예요. 그날 전 예를 갖추기 위해 제 옷 중에서 분홍색이 가장 강하게 들어간 옷을 입었어요. 제가 머물고 있던 집의 안주인이 꼭 가야 한다고 애원을 하지만 않았어도 아마 전 그 자리가 얼마나 대단한 영광인지 잘 몰랐을 거예요. 다시 생각해보니 분홍색 옷은 그 안주인을 기쁘게 해주려고 입었던 것 같네요.

모로 왕족에게도 더 높은 존재가 있더군요. 총독도 초대 귀빈으로 왔어요. 기다리는 사람들을 둘러보니 꽤 다양했어요. 우선 왕과 신하들이 있었고, 미국 정부 관리라 할 수 있는 사람들이 몇 명, 필리핀 관리, 그리고 S 부인과 다른 몇몇 사람들이 있었어요. 공식 석상이다 보니 의자는 우선시해야 할 사람의 자리부터 등급별로 정렬돼 있었어요.

무거운 침묵이 흘렀어요. 외국 사람들에게 친숙한 공주마저 한마디도 없었죠. 늘쩍지근한 다른 동양인과 달리 공주는 그 누구보다 자유롭고 무엇에도 개의치 않는 성격이었어요. 공주는 티테이블에 앉아 있더군요. 가장 당황한 사람은 술탄 본인이었어요. 저는 그간 섬에 있으면서 낯을 익힌 사람들을 둘러보았는데, 평소에는 스스럼없이 행동하던 사람들조차 다들 위엄에 눌린 듯 경직된 태도로 서 있거나 앉아 있는 걸 보고 놀랐어요.

시중드는 여자들은 체구가 작고 맨발이었는데, 서양 문화를 아는 공주들의 도움을 받으며 뜨거운 물 등을 내왔다 다시 가져갔다 하더군요. 시중꾼들이 문을 여닫을 때마다 보여주지 않는 편이 더 나을 성싶은 지저분한 방이 보이곤 했어요. 방 안에서는 여남은 명의 호기심 어린 눈길들이 천국 같은 이쪽 방을 훔쳐보고 있었죠. 그 모습이 참 딱해 보였어요. 그런 분위기에서 서양식 티파티를 위해 동원된 용품들으로써 깔개, 흔하고 거추장스러운 가구, 흉물스러운 액자의 사진들을 보니 어찌나 부자연스럽던지요. 말로는 '고국에서처럼' 편히 있으시라고 했지만 사실은 정반대였죠. 술탄은 서양식 옷을 입고 뻣뻣하게 경직돼 있었어요. 자기네 고유 옷을 입었더라면 훨씬 더 편안했을 텐데 말이에요.

총독 일행이 방으로 들어오자 다들 얼굴이 창백해졌어요. 그렇다고 해서 부드럽고 친절하고 솔직한 그 푸른 눈의 남자를 탓할 일은 아니라고 생각해요. 다만 인간 누구나가 품고 있는 공직에 대한 어쩔 수 없는 경외심 탓이겠죠.

저는 한 마음씨 착한 미국 여자랑 같이 자그마한 티테이블에 앉게 되었는데,

그 여인도 저처럼 바퀴벌레라면 질색을 하더군요. 이 연례행사 날을 제외하면 우리가 지금 쓰고 있는 이 잔은 전적으로 바퀴벌레 차지가 아닐까 싶었어요. 하지만 이렇게 습하고 끈적끈적하고 더운 날씨에 연회장 분위기마저 마치 다른 사회를 옮겨놓은 듯 거북하니, 딱정벌레가 아니라 다른 그 무슨 벌레가 있다고 한들 그 싱그러운 차를 마다할 수는 없었죠.

로스앤젤레스에 대해 이야기하길 무척 좋아하는 필리핀 여자가 있는데, 그 여자는 어떻게든 저와의 대화를 그쪽으로 끌고 가려고 해요. 로스앤젤레스의 점심이 얼마나 싸고 맛있는지, 댄스홀이 어떤지, 영화관은 얼마나 웅장한지, 아이스크림 맛은 어떤지 같은 이야기를 장황하게 늘어놓곤 하죠. 그러면서 언젠가는 우리가 그 축복의 도시에서 만났으면 좋겠다고 하더군요!

그 여자네 동네에서 이제껏 본 영화 중에 최악의 영화를 봤어요. 살인, 절도, 급작스런 죽음 등 온갖 위험에서 벗어나는 장면들의 연속이었죠. 납치된 여자가 아슬아슬하게 도망치는 이야기 따위로 아주 저급하게 관객들에게 호소하는 추잡함의 복합체였어요. 관객은 모로 족이었는데, 다들 칼을 소지하고 있었어요. 관객들은 죽음 직전의 상황이나 벼랑에서 떨어지는 장면에서 특히 흥분했고, 흥분이 최고조에 달하는 장면에서는 매번 야수같이 소리를 질렀어요. 정말 무서운 광경이었답니다.

나중에 모로 족을 책임지고 있는 한 관리에게, 그 영화가 모로인들에게 어떤 영향을 미치며 사람들이 그런 식으로 흥분하는 것이 얼마나 안 좋은지에 대해서 말해주었어요. 그랬더니 그 사람이 "저는 일체 간섭하지 않습니다. 여자가 바람피우는 장면만 아니면 절대 참견하지 않습니다"라더군요!

황혼 녘이면 하얀 새들의 무리가 우아한 날갯짓으로 물소의 등에 내려앉아 진드기를 쪼아먹어요. 이 새들은 황새 새끼처럼 다리가 긴데, 다리와 부리 색은 노랗답니다. 녀석들은 크고 육중한 몸집에 자글자글 주름이 진 흑청색 물소를 따라다녀요. 그러다 개중에 한두 놈은 야수의 등에 앉아 서로 경쟁이라도 하듯 짧은 시간 동안 집중적으로 진드기를 쪼아먹죠. 다른 녀석들은 바짝 붙어 물소를 쫓아가고요.

호숫가 집에 사는 어린 남자아이가 큰소리로 코란을 읽는 모습이 참 흥미로워요. 남자아이는 특별히 제작된 작은 탁자에 앉아 있고, 그 가까이에는 나이 많은 성직자가 앉아 있죠.

X 여사와 저는 모로 공주 둘을 동반하고 가끔 승마 나들이를 가는데, 그럴 때면 공주들의 남녀 수행원들도 따라나서요. 모로 여인들은 끝이 뾰족한 작은 모자와 흘러내리는 베일을 쓴답니다. 바지는 통이 넓고, 단추가 달린 윗옷은 작고 몸에 꽉 끼어요. 말에 앉을 때는 안장을 높이 올려서 앉고요. 얼마 전에는 꽤 오랫동안 숲길을 달렸는데, 말이 뜀박질을 할 때마다 나뭇가지가 머리를 스쳤어요. 신기한 게 하나 있는데, 저 작은 여인들은 어떻게 저런 뾰족한 구두를 신고도 넘어지지 않을까 하는 거예요. 이 여자들이 신는 구두는 터키식 슬리퍼처럼 발가락만 들어가게 돼 있고 달리 고정하는 장치가 전혀 없거든요. 모로 여인들은 영어를 잘하고 생기가 넘쳐요.

그날 우리는 거친 들길을 지나고 물을 건너 해변에 도착했어요. 해변에는 단단한 모래사장이 길고 아름답게 펼쳐져 있었죠.

해 질 녘 노을이 드리우기 시작할 무렵, 우리는 한 모로 족의 집에 병문안을 위해 들렀어요. 그 사람은 죽어가고 있었죠. 찬란한 햇빛과 신선한 공기를 느낀 뒤라 그런지 그 사람 방에 들어가자 기괴한 느낌이 들었어요. 죽음을 앞둔 남자는 이상한 옷을 걸치고 있었고, 세 명의 부인이 옆에 있었어요. 우리가 할 수 있는 일이라곤 미소를 짓고 머리를 숙이는 것뿐이었죠. 어떤 위로의 말도 할 수 없었고 그저 함께 슬퍼하는 게 다였어요.

다시 탁 트인 야외로 나와 집으로 가기 위해 즐겁게 말을 달렸지만 죽어가던 사람 생각과 그가 무슨 생각을 할까 하는 궁금증이 머릿속을 맴돌았어요.

9
모로 왕족의 결혼식과 고함치는 사내들

∙
∙
∙

홀로에서 쓴 편지

모로 왕족의 결혼식에 갔었어요. 저녁 여덟 시쯤 출발하였지요. 이곳 모로 족들이 아주 좋아하는 미국인 한 사람과 모로 공주, 공주의 형부도 함께 갔어요. 그 전날 노상강도 두 명◉이 트럭을 탈취하는 사건이 있었던 터라 우리를 데려가는 필리핀 운전사는 내내 겁을 먹고 아찔할 정도로 속력을 냈어요. 일행 중 사내들은 무기를 가지고 있었고요. 모로 사람들은 자기네 왕실에 충성심을 가지고 있기 때문에 우리는 비교적 안전했어요.

결혼식이 열리는 집에 도착하자 사람들이 우리를 서까래가 얹힌 어두운 방으로 안내했어요. 그리고 우리에게 귀빈석을 내주었죠. 우리 맞은편에는 소년소녀 한 쌍이 앉아 있었는데, 제 눈에는 꼭 판결을 기다리는 미결수 같아 보이더군요.

———

◉   이 두 노상강도에 대해서는 6장에 나와 있다.

그 큰 집이 모로 족으로 가득차 있었어요.

신부의 얼굴은 완전히 흰색으로 칠해져 있었어요. 극동 지역의 공통의 풍습인 듯하더군요. 눈을 내리깐 신부는 아주 불행해 보였어요. 머리 위에는 우스꽝스럽게 생긴 작은 관이 얹혀 있었고요. 신부는 내내 움직이지도, 먹지도, 말하지도 않았어요. 제 주위로 손님들이 워낙 바글거려서 전 어깨조차 움직일 수 없었는데, 저랑 같이 간 무리들은 은근슬쩍 다른 사람들을 뒤로 밀어내고 있었어요. 그 많은 사람들의 입김에다 커다란 등불 몇 개까지 활활 타고 있던 터라 열기에 숨이 막힐 지경이었어요. 만찬에도 참석해야 했는데, 같이 간 사람이 미리 피해야 할 음식을 알려주었어요.

제가 먹은 음식 중에 흥미롭던 것은 뼈를 바른 생선을 으깨 향료와 다른 좋은 재료를 넣고 섞은 다음 그걸 다시 생선 껍질 속에 집어넣은 요리였는데, 결국 음식은 생선의 원래 모양 그대로였어요.

동행한 미국인을 한 번씩 슬쩍 쳐다보곤 했는데, 그 사람은 참 기이한 존재처럼 느껴졌어요. 한 마흔 살쯤 되지 않았을까 싶은데, 잘생긴 얼굴에 움푹 들어간 푸른 눈, 은백색의 머리칼을 가진 남자였어요. 날씬한 체구에 흰색 무명옷을 입고 있었고요. 그런데 그 사람 주위에는 온통 거무스름하고 번들번들한 팔다리와 가슴, 터번을 쓴 머리, 번쩍거리는 작은 단추가 달린 웃옷, 수려한 까만 얼굴과 두꺼운 보라색 입술, 빈랑나뭇잎 색으로 물든 짧고 검은 치아뿐이었죠. 신랑신부가 앉은 침대는 바닥보다 아주 조금 높았는데, 아래는 흙바닥 그대로였어요. 불행해 보이던 신부를 모든 사람들이 충분히 볼 수 있을 만큼의 높이긴 했어요. 사람들은 봐도 봐도 또 궁금하다는 듯 잔뜩 호기심 어린 눈으로 연신 뚫어져라 신부를 쳐다봤어요.

모로 족 조각으로 장식된 집을 보기 위해 어느 섬으로 갔었답니다. 지금 제가 묵고 있는 섬에서 일주일이 걸리는 여정이었어요. 작은 배로 갔는데, 코프라COPRA❶ 냄새가 진동했고 싸구려 망고도 실려 있었어요. 우리가 도착했을 때는 날이 어두워진 뒤였죠. 산호초가 많아서 배를 대기가 만만치 않았어요. 그래서 그곳의 원주민들이 와서 승객들을 의자에 앉힌 뒤 육지로 데려다주었답니다. 사람만 이런 식으로 이동시킨 게 아니라, 짐과 화물도 그런 식으로 하나씩 실어날라야 했지요. 어떻게 이 원주민들이 날카로운 산호초 위를 걸을 수 있을 만큼 발바닥을 단단하게 단련시켰는지 저로서는 짐작할 수 없었어요.

그 후에는 짐을 싣고 트럭으로 이동해야 했어요. 그렇게 우리 일행은 위로 또 위로 올라갔죠. 해수면에서 얼마나 높이 올라갔는지는 알 수 없었지만, 마치 별을 향해 가는 듯한 여정이었어요. 마침내 정상에 도착하자 아름다운 호수가 펼쳐졌어요. 멀지 않은 곳에, 과거에 군인 막사로 쓰다가 지금은 호텔로 바뀐 건물이 서 있더군요.

방은 막사처럼 생겼지만 깨끗하게 정돈되어 있었고, 부지런하고 솜씨 좋고 책임감 있고 무엇보다 아주 정직한 중국인 요리사가 있었어요. 요리사 보조도 한 명 있었는데, 흰색 셔츠와 바지 차림의 필리핀 남자아이였어요. 이 아이는 아주 기민하게 몸을 놀리면서 모든 사람에게 완벽한 서비스를 제공하고 있었어요.

별의별 사람들이 이곳을 거쳐가며 하루이틀 혹은 그보다 길게 이 호텔에 머물곤 하는데, 배나 말 등의 교통편을 기다리는 사람들이에요. 저는 대부분의 사람들과 이야기를 나누었는데, 자신의 슬픈 과거사를 스스럼없이 털어놓는 사람이 많았어요. 대부분 외롭게 살아온 사람들이라 생면부지의 사람과 이야기하는 걸 좋아하는 듯했어요.

일을 하기에는 더없이 좋은 곳이었어요. 일상생활에도 전혀 불편이 없었고,

---

❶ 코코넛의 과육과 코코야자의 배젖을 말린 것이다. 여기에서 코코야자유를 추출하여 비누, 양초 등의 원료로 쓴다.

언제든 말을 타고 나갈 수도 있었죠. 일에 지치고 떠돌이 투숙객들에게도 싫증이 날 때는 근처에 사는 친절한 미국인 집에 가서 한 시간씩 있다가 오곤 했어요. 그 미국인은 교육감이었는데, 부인과 애들이 있었지요.

세상에서 그 무엇보다 비극적인 것은, 머나먼 나라에서 산책을 하거나 그림을 그리다가 문득 검은색 피부의 아이에게서 백인의 눈을 발견하는 것이에요. 그런 아이들은 아무리 나이가 어려도 하나같이 위축돼 있고 괴롭힘에 시달리며 부끄러운 듯한 표정을 짓고 있답니다. 누군가가 전혀 몰랐다거나 놀란 듯한 표정을 지으면 주위 사람들은 하나같이 키득대곤 해요.

여전히 남쪽 섬에서

오늘 옛 스페인의 모습을 보게 되었어요. 야시장에서였죠. 나무 기둥 위에 짚으로 엮은 작은 지붕을 얹고 벽도 없이 사방이 뚫린 가판대가 긴 회랑 또는 통로를 따라 죽 늘어서 있었어요. 가게에는 횃불이 환하게 밝혀져 있었는데, 그 탓에 주위를 둘러싼 밤의 어둠이 한층 짙어 보였죠. 매혹적이고 놀라운 색채와 움직임이 빚어낸 장면이었어요.

    저는 흐느껴 울고 말았어요. 그렇게 여행을 많이 다녔지만 이렇게 좌절감을 느끼기는 처음이었어요. 이런 장면이야말로 제가 평생을 찾아다닌 거였는데, 여기가 제가 꿈꾸던 바로 그곳인데, 더는 이곳에 머물며 그림을 그릴 수가 없네요. 배가 떠날 시간은 정해져 있으니까요. 여러 무더운 날들을 견디며 제가 그렇게도 바라고 찾아다녔던 곳을 떠나야 하다니. 그것도 당장!

이곳의 여인들이란! 둥글면서도 감각적인 곡선을 그리며 환한 빛을 뿜어내는 얼굴, 밝게 빛나는 매혹적인 검은 눈동자, 눈부시게 빛나는 새하얀 치아를 가진 이 여인네들은 지나가는 이에게 술잔을 내밀기도 하고 서로 술잔을 바꾸어 마시기도 해요. 미소를 띤 여인들의 아름다운 올리브빛 얼굴과 검은 곱슬머리를 횃불이 환히 비추곤 했죠. 또 그 얇고 하늘하늘한 겉옷의 색채란! 연두색, 주황색, 하얀색, 까만색, 분홍색을 비롯해 상상할 수 있는 모든 색깔이 다 있었어요. 모든 여인들이 아름답고 즐거워 보였어요. 바지 위까지 내려온 남자들의 얇은 웃옷에도 꽃 모양의 수가 형형색색 놓여 있었고, 모자는 챙이 널찍했어요.

현대 문명사회에서는 찾아볼 수 없는 흥겨움이 가득했어요. 내가 꿈을 꾸고 있나? 새벽이 오고 횃불이 꺼질 때쯤이면 이 모든 것들이 감쪽같이 사라질까? 그렇다 해도 지금은 이 멋진 장면을 만끽해야 한다고 스스로에게 말했어요. 향기로운 과일과 형형색색의 과일 절임이 놓인 가판대, 인심 좋게 파는 밝은 빛깔의 토종 와인, 너무나 짙은 향기를 뿜어내는 꽃들이 빚어내는 이 장면을 말이에요. 가게 주변을 뛰어다니는 발가벗은 꼬마들의 눈은 마치 어린 사슴의 눈 같았어요. 아기를 품에 안은 엄마들도 있었고요.

어지러울 정도로 현란한 색채, 세상만사 걱정이라고는 없는 표정, 여기저기서 매혹적으로 들려오는 고함과 외침 소리, 음악의 선율 같던 사람들의 말소리와 목소리……

벨벳 같은 깊은 밤과 코코야자나무를 배경으로, 열대 지방에 남은 구세계의 잔재인 이 야시장이 얼마나 오랫동안 계속되어 왔을까? 가게들 너머에 있는 작은 집에서도 불빛이 타오르고 있었어요. 집 앞에는 가판대가 놓여 있었고요. 지나가며 보니 집 안에서는 카미사CAMISA❩ 같이 얇고 밝은색 옷을 입은 여인들이 솥 쪽으로 허리를 구부리고 있더군요. 하늘하늘한 원피스와 어둡지만 아름다운 모습 위로 불빛이 비칠 때의 그 매혹적인 모습은 마치 중세 로맨스 이야기에 나올 법한 장면이었어요.

하루는 갑자기 열병이 나서 금세 열이 났다가 또 금세 덜덜 몸을 떨 만큼 한기가 드는 바람에 침대에 누워 지내야 했어요. 제가 묵고 있는 호텔은 스페인 과부가 운영하는 곳인데 관리가 잘되는 편이에요. 문은 바람이 통하도록 아래쪽으로 45센티미터 남짓이 비어 있어서 시원해요. 너덧 시간을 혼자 누워서 뒤척이고 있었죠. 옆방에는 백인 남자가 묵고 있었어요. 어느 나라 사람인지는 모르겠지만, 이 머나먼 나라에 머무는 백인이라는 이유 하나만으로 그 사람은 마치 세상에서 자기가 최고인 것처럼 굴더군요.

이 남자는 감히 누구도 자기를 거스르지 못한다는 듯이 굴었어요. 쉴 새 없이 고함을 질러댔죠. 분명 술에 취한 듯했는데, 무엇 때문인지 화가 나 있었어요. 고래고래 소리를 지르며 악을 쓰고 욕을 퍼붓더군요. 일하는 사람을 부를 때도 종을 치는 대신 짐승처럼 고함을 질러댔고, 그 소리를 듣고 종업원들이 벌벌 떨며 후다닥 방으로 올라왔다 내려가는 내내 또 욕을 퍼부었어요. 주방이 방에서 꽤 떨어져 있었는데, 이 사람은 "이 더러운 개 같은 놈들아"라는 말부터 시작해서 차마 상상하기도 힘든 갖가지 불쾌한 말들로 일하는 사람들을 부르곤 했어요. 방에 왔던 사람이 다시 부엌에 도착하기가 무섭게 고래고래 소리를 지르며 또다시 종업원을 불러댔죠. 호텔 전체가 공포에 휩싸였고, 일하는 사람들이 방에 들어왔을 때 이 '참으로 사내다운 남자'가 소리를 지르며 장화 따위를 마구 집어던지는 소리가 제 방에서도 들렸어요.

◗ 필리핀의 여성용 민속 의상으로 매미 날개처럼 투명한 커다란 소매가 있다. 스페인어로 블라우스 또는 셔츠라는 뜻이다.

저는 열이 오른 상태였지만, 자리에서 일어나 호텔의 지배인을 불러달라고 했어요. 제 목소리는 크고 명료했어요. 저는 이 술 취한 남자를 반드시 호텔에서 쫓아내 달라고 말했죠. 위엄 있는 목소리로 저는 이렇게 말했어요. "저 사람더러 당장 조용히 하라고 하세요. 제가 이 호텔에 머무는 한 저 사람 목소리를 두 번 다시 듣고 싶지 않습니다." 자기에게 겁을 주려는 사람이 누구인지 그 불한당이 직접 보지 않은 게 다행이었죠. 그 말을 하는 데만도 제 모든 용기를 쏟아부어야 했으니까요!

제 목소리는 마치 이곳의 주지사처럼 쩌렁쩌렁 울렸어요. 제 벨소리를 듣고 달려온 구두닦이 소년이 제 서슬에 놀라 파랗게 질리고 말았지만, 소년이 온 즉시 저는 소리지르던 것을 멈췄고 사방이 조용해졌어요. 그 불한당도 꼬리를 내리더군요. 제가 머무는 동안 다시는 사내의 방에서 고함소리가 들리지 않았어요. 저는 그 사람을 직접 보지는 못했고, 제가 아는 한 그 사람도 저를 보지 못했어요.

터키인이 운영하는 어느 호텔에 머무는 동안에도 사건이 있었어요. 원래는 다른 호텔에 투숙했다가 그 호텔이 별로여서 옮겼는데, 터키 사람이 하는 이 호텔은 깨끗하고 음식도 맛있고 서비스도 아주 좋았어요. 여러모로 아주 마음에 들었죠. 그랬는데 갑자기 요란한 고함 소리가 들리지 뭐예요. 살인 사건이라도 났나 싶어 숨을 죽이고 있었는데, 글쎄 호텔 주인이 종업원과 부인에게 지시를 내리는 소리더라고요. 필리핀 사람들이 대개 그렇듯 일하는 사람들은 몸도 재고 능률적이고 친절하고 예의도 아주 바른 사람들이었는데도요. 이 섬에서는 집을 빌려서 지내지 않았어요. 그렇다 보니 어떤 일을 보는 관점도 달라지나 봅니다.

이 터키인의 목소리가 어찌나 위협적인지 금세 떠날 사람마저도 두려움에 떨게 만들더군요. 겁에 질린 토끼처럼 이리저리 왔다갔다하는 여인들의 얼굴이 한동안 제 기억 속에서 안타까움을 자아냈죠. 남편의 우람스런 목소리에 하얗게 질리던 그 불쌍한 필리핀 부인의 얼굴을 더는 볼 수가 없었어요. 저는 서둘러 그곳을 떠났어요.

일본-북해도
JAPAN-HOKKAIDO

•

•

•

아이누 노인Ainu Man 1917 수채화 28×37

10
'털북숭이 아이누 족'과 함께

●
●
●

북해도에서 쓴 편지, 9월

북해도는 아이누 족을 배경으로 한 상상력을 충족시키기에 좋은 곳이지만, 북쪽으로 올라오는 동안 코를 찌르던 음식 냄새와 사람 냄새, 먼지투성이의 열차 냄새는 좀처럼 잊히지 않네요.

기차를 타든 배를 타든 제가 유일한 외국인 승객이 아니었나 싶어요. 어쨌거나 사람들 앞에서 용변을 보지 않은 사람이 저뿐이었던 것만은 확실해요. 제 근처에 있던 한 승객은 외국 옷을 입고 있었는데, 사람들이 많은데도 아무렇지 않게 옷을 훌훌 벗고 일본 옷으로 갈아입더라고요. 그럴 때도 이곳 사람들은 담담하고 솔직하고 점잖게 행동한답니다.

하코다테 역에서 다들 열차 좌석을 잡으려고 서두르고 있는데 경찰이 저를 불러 세웠어요. 처음에는 대수롭지 않게 생각했죠. 여권을 보여주고 일련의 질문에 답을 써내는 일은 이미 배에서 끝낸 터였으니까요. 그런데도 그 경찰은 같은 질문을 또 하더군요. "나이는?", "어디로 가시죠?" 등등의 질문을 해오는데, 사람들로 붐비는 작은 열차에서 자리를 못 잡는 게 아닐까 걱정이 되기 시작했어요. 저는 그 사람에게 이런저런 설명을 하느라 한참 애를 먹었어요. 그 경찰이 똑같은 질문을 대여섯 번쯤 반복했을 때, 다급해진 저는 그 사람을 냅다 밀치고 자리에 앉기 위해 기차 안으로 뛰어 들어갔어요. 제가 막 앉자마자 기차가 출발했죠. 그 경찰의 표정이 하도 웃겨서 출발하고도 한참 동안 혼자 웃었어요. 특히나 그 경찰이 제가 하는 영어를 한 마디도 못 알아듣고 줄곧 앵무새처럼 질문만 반복했다는 걸 뒤늦게 깨닫자 웃음을 참을 수 없었어요.

기차 여행의 끝은 암울했어요. 춥고 지저분하고 배도 고팠지만, 유일한 교통수단이면서 바람막이와 스프링도 없는 구식 마차를 타고 또다시 이동해야 했거든요. 그 뗏목 같은 마차에 짐을 묶고 어떻게든 부여잡고 탔어요. 그 마차를 타고 사람 머리 정도의 커다란 돌덩이가 즐비한 거친 길을 가고 있자니 흔들리고 찧고 부딪히고 말이 아니더군요. 그런데 그 아프고 불편하고 먼지투성이인 와중에도 말을 타고 지나가는 아이누 족만 보면 어김없이 신이 나고 기분이 좋아졌어요. 그 사람들은 잘생긴 데다 자유로워 보였는데, 멀리서 보면 북미 쪽 인디언과 크게 다르지 않더군요.

말을 타고 지나가던 아이누 족 중 몇 명이 제게 손을 흔들어주었어요. 이런 행동은 개인에 대한 경의의 표시라기보다는, 미국이나 영국에서 열린 박람회에 다녀온 경험이 있는 모든 아이누 족들의 습관적인 행동이죠! 어쨌거나 친근하고 다정해 보였어요.

그러다 마침내 나무로 만든 작은 집에 도착했어요. 원시적인 모습이면서 동시에 고급스러운 분위기가 풍기는 집이었어요. 현관까지 갖춰진 문 앞에서 X 씨가 저를 기다리고 있었어요. 중년의 여성인 X 씨는 어깨가 곧고 체크무늬 앞치마 차림에 금테 안경을 쓰고 있었는데, 눈처럼 하얀 머리를 아주 단정히 빗어내렸더군요. X 씨는 불구가 된 아이누 여자아이를 입양해 기르며 조랑말처럼 생긴 아이누 족 하녀들을 두고 사는데, 그렇게 혼자 지낸 지가 20년이 넘었다고 해요.

저는 집 밖으로 나오자마자 주위를 둘러보았어요. 원시의 모습 그대로 나무가 우거져 있더군요. 어둠이 내리자 과거 이곳에 살았을 원시인과 그들이 살아가던 모습을 어렵지 않게 상상할 수 있었어요.

이곳에서는 곰 축제가 큰 행사인데, 저는 너무 늦게 도착하는 바람에 보지 못했어요. 지금도 깊은 숲에는 곰이 많이 산다고 해요. 어젯밤에는 강폭이 꽤 되는 강가에 서서 변화무쌍한 물살을 바라보고 서 있었는데, 만약 곰이 나타나면 어떤 느낌일까 궁금해지더라고요. 그러다 문득 쳐다보니 불과 60~90센티미터 남짓한 곳에 커다란 뱀이 한 마리 있지 뭐예요. 덤불과 돌무더기가 있는 곳 뒤편에서 침을 질질 흘리고 있더라고요. 저는 체면이고 뭐고 냅다 뛰었어요.

나룻배를 모는 뱃사공 덕분에 즐거워요. 검은 곱슬머리의 이 뱃사공은 꼭 잘생긴 접시 같아요. 이 사내는 아이누식 겉옷에 거칠게 마감한 형형색색의 장식품을 매달고, 머리에는 검은 천을 질끈 묶고 있답니다. 이 근사한 자태의 뱃사공이 승객을 싣고 아름다운 강을 가로질러 노를 젓는 모습은 참 멋져요. 승객들 대부분이 벌목꾼인데, 간혹 거칠고 성깔 있는 말 운송꾼이 타기도 한대요. 승객들 중에는 밝은색 옷을 입은 사람이 있기 마련인데, 그 밝은 색감과 강 너머로 펼쳐진 숲, 또 그 숲 너머로 펼쳐진 언덕이 어우러져 근사한 풍경을 만들어낸답니다.

나룻배 사공은 혼자 살아요. 휘발유통을 버팀목 삼아 나무 기둥을 올린 작은 집에서요! 사공의 낡은 담요는 보기 좋은 홍색인데, 볕이 좋은 날에는 늘 밖에 내다 널곤 하죠. 그의 작은 오두막을 둘러싸고 있는 넝쿨에는 노란 꽃들이 가득 피어 있고, 호박도 보기 좋게 달려 있어요.

분명 이 뱃사공의 이교도적 정신세계는 선교사들에 의해서도 함락되지 않았나 봅니다. 사람들 말에 따르면 이 뱃사공은 낯선 사람들에게 적대적이래요. 제가 자기 집을 스케치하는 것도 좋아하지 않아요. 원시인들이 외부 침략자에 대해 갖는 적대감 같은 것이 아닐까 싶어요. 그렇지만 그 사람이 더 나이가 들어 서양인들이 주는 약을 못 얻어먹어 안달이 날 때쯤이면 그런 적대감이 누그러들지도 모르죠. 이곳 아이누 족 노인 하나는 술을 마시듯이 퀴닌*을 들이킨답니다.

해 질 녘이면 마을로 나가 슬슬 걸어다니다가 오두막의 열린 문틈으로 몰래 아이누 가족을 들여다보는 것도 참 재미있어요. 집 한가운데에 불을 지피고 다들 불가에 둘러앉곤 하죠. 이교도적인 그들의 얼굴과 그 낯선 몸의 형상 위로, 타오르는 불빛이 어른거리는 모습은 참 인상적이에요.

며칠 전에는 마을길을 오르는데, 허리가 구부정한 노인 하나가 지팡이에 몸을 의지한 채로 장작을 잔뜩 짊어지고 제 쪽으로 오는 게 보였어요. 저는 그 장면이 사라지기라도 할 것처럼 꼼짝 않고 멈춰섰죠. 자기 자식을 제물로 바치기 위해 장작더미를 짊어지고 가는 《성경》 속 아브라함의 모습 그대로였어요.

그 노인은 어깨까지 내려오는 아름다운 백발을 검은 머리띠로 동여매고 있었어요. 길고 풍성한 수염은 허리께까지 왔고, 등은 심하게 굽어 있었어요.

저는 노인이 사는 집까지 따라갔어요. 그 마을에서 가장 당당한 품위를 자랑하는 집이었는데, 여느 집과 마찬가지로 부엌 한가운데에 화로가 있고 굴뚝은 따로 없더군요. 그래도 집 안 어느 틈새로 어찌어찌 연기가 나가긴 할 테지만요. 하지만 이 연기 때문에 그런지 아이누 족 중에는 눈이 빨간 사람이 유달리 많고, 노인들 중에는 눈이 먼 사람이 많아요. 이 '아브라함' 노인도 눈언저리가 불그스레하고 진물 자국이 있더군요.

이런 사람을 발견해서 얼마나 기뻤는지 몰라요. 노인이 모델을 서주면 제가 돈을 치르겠다는 말을 노인의 손녀에게 좀 전해달라고 X 씨에게 부탁했어요. 요즘은 '아브라함' 노인이 산에서 나무를 하고 내려오는 매일 오후 4시 반쯤이면 그 집

● 남미산 가시나무 껍질에서 얻는 약물로. 과거에 말라리아를 치료하는 데 쓰였다.

에 가서 스케치를 하고 있답니다.

모든 아이누 족의 집에는 '성스러운' 창惢이 하나씩 있어요. '아브라함' 노인네 창에서는 아름다운 강이 보이죠. 방 한쪽에는 옻칠을 한 상자들이 죽 놓여 있는데, 한때 제법 근사했을 이 상자들은 아마 물물교환 시대 때부터 있었던 게 아닌가 싶어요. 곰 축제 때 사용했을 법한 곰 해골도 여럿 있고요. 깃털이나 꽃 모양으로 깎은 나무 주물呪物도 걸려 있는데, 가족들의 생일이나 죽은 날을 기억하기 위한 물건이 아닐까 싶어요. 얼마나 오래되고 연기를 많이 쏘였는가에 따라 까맣고 오래된 것도 있고, 갈색이나 옅은 황갈색을 띠는 것도 있어요. 제가 앉아서 스케치를 하는 동안에도 '아브라함'은 그저 딱정벌레를 대하듯 제게 신경을 쓰지 않는답니다.

'아브라함'의 일상은 매일매일 전혀 변화가 없어요. 그는 장작을 내려놓고 곧장 방 구석에 놓인 다리가 셋 달린 커다란 솥 쪽으로 가요. 그리고 뚜껑을 열죠. 그 다음엔 불을 때는 곳으로 가 바닥 가까이에 있는 상자를 열고 자기 밥그릇과 젓가락을 꺼내요. 그런 뒤엔 커다란 쇠숟가락으로 야채와 물이 섞인 음식을 밥그릇에 퍼 담아요. 그러고는 요란스런 소리를 내며 순식간에 음식을 먹어 치운답니다. 그러고 다시 솥뚜껑을 닫고, 불가로 가서 상자를 열어 밥그릇과 젓가락을 집어넣고 다시 뚜껑을 닫아요. 그 다음에는 달랑 하나 걸치고 있던 윗도리를 단번에 벗어던지고 지스트링 차림으로 서 있답니다. 그러고는 드러누워 만족한 듯 트림을 한 번 하고 상자를 끌어당겨 베개로 삼고 웃옷으로 몸을 덮은 뒤 금세 곯아떨어지죠. 잠에서 깨면 파이프에 불을 붙여 담배를 한 대 태우곤 해요.

나무가 다 타서 차갑게 식은 듯 보일 때도 늙은 '아브라함'이 입으로 바람을 불어넣으면 어김없이 불길이 되살아난답니다.

오늘은 '아브라함'의 옛 친구가 찾아와 둘이서 오랫동안 이야기를 나누더군요. 저는 두 사람 다 스케치를 했어요. 두 사람 모두 저를 쳐다보지도 않았어요.

요즘은 노부부를 그리고 있어요. 앞을 못 보는 부인의 얼굴에는 늘 슬픈 표정이 어려 있어요. 노부부 슬하에 딸이 하나 있었는데, 딸이 곰에게 남편을 잃었대요. 슬픔에 견디다 못한 딸은 숲을 헤매고 다녔고, 그러다 그만 곰을 잡기 위해 놓아둔 독약을 먹어 죽고 말았대요. 노부부 중 남편은 큰 박람회가 열렸을 때 영국에도 한 번 갔었다는데, 영어 몇 마디 하는 걸 아주 자랑스러워해요. 부인은 모델을 선다고 옷을 차려입고 왔는데, 원시적인 스타일의 아주 근사한 목걸이를 하고 있었어요. 커다란 터키옥 사이사이에 곰 머리 모양의 놋쇠 장식을 끼워넣은 목걸이였어요. 워낙 무거워서 잠깐밖에 하고 있질 못하더군요. 전 얼마나 오래된 물건일까 궁금했어요! 주인이 죽을 때 같이 묻히는 물건이 아닐까 싶었어요.

　　노부부를 그리기 시작한 첫날에는 동네 아이들 때문에 아주 골치가 아팠어요. 어떻게 이 녀석들을 문 밖으로 쫓아내야 할지 모르겠더라고요. 그러다 문득 '학교 선생님'이라는 뜻의 일본말인 '갓코노센세이'가 생각나서 무작정 "갓코노센세이!"라고 소리쳤죠. 그러자 아이들이 조랑말 발굽 소리를 내며 순식간에 사라졌어요. 일본 학생들은 선생님 말씀이라면 절대 순종이거든요!

11
망신당한 가부장

．
．
．

북해도에서 쓴 편지

모델을 서준 노인은 '아브라함'보다 나이가 훨씬 어렸는데, 첫 모델료를 받고 만취해서는 추태를 부렸어요. 모델료라고 해봐야 고작 일본 돈으로 40센錢인데! 어쩐지 돈을 주자마자 부리나케 달려나간다 싶었어요. 그러고는 얼마 안 돼 마을에서 고성이 들려왔죠. 그 노인은 갈대나 짚을 엮어 만든 축제용 왕관에다 나무로 깎은 곰 형상을 머리에 얹고 모델을 섰었는데, 다른 한 노인네랑 같이 술에 취해 기분이 들떠서는 둘이 팔짱을 끼고 마을을 누비고 다니며 "우리를 더 그려주쇼! 우리를 더 그려주쇼!" 하고 아이누 말로 소리를 지르고 노래를 불러대지 뭐예요! 노인의 머리에 왕관이 비스듬히 걸려 있는 게 정말 술의 신 바쿠스가 따로 없더군요. 백발의 곱슬머리가 어깨까지 길게 내려오고, 수염은 허리께까지 닿은 두 노인의 모습을 떠올려보세요! X 씨가 두 노인을 엄히 나무라자 둘은 마치 어린아이처럼 금세 풀이 죽어 자리를 떴어요.

여기서 우리가 어떻게 살고 있는지 편지에 전혀 쓰질 않았네요. 마을에 가면 제가 늘 바라던 대로 원시적 생활상을 마음껏 볼 수 있지만, 선교사 사택인 이곳은 문명화된 곳이라 참 재미있는 대조를 이룬답니다.

이 집 응접실은 작지만 아늑한 빅토리아풍Victorianism❶을 완벽히 구현하고 있어요. 런던에서 1만 7000여 킬로미터나 떨어진 곳이지만, X 씨는 진짜 마호가니로 만든 가구 몇 점을 가지고 왔더군요. 근사한 황동 램프도 X 씨가 손질한 물건으로 방 안 곳곳에 따스한 불빛을 비추어줘요. 테이블보는 양면 모두 사용할 수 있는 것으로, 한 면은 검은색이고 다른 면은 붉은색이에요. 집안에는 늘 불이 지펴져 있어 편안하고 마음이 놓여요. 문명사회를 찾아가려면 여기서 며칠을 가야 한다는 사실이 믿기지 않을 정도예요. 이 응접실에는 야생을 떠올리게 하는 요소가 전무하다고 할 수 있는데, 단 하나 예외가 있다면 X 여사의 수양딸로 척추와 시각 장애를 가진 기미예요. 여리고 섬세한 생김새에 어린애 같은 목소리를 가진 기미는 몸은 불편하지만 어딘지 사람을 끄는 매력이 있는 아이인데, 부산스레 응접실을 들락거리곤 한답니다.

매일 저녁 같은 시간에 응접실의 문이 열리고 어둠 속에서 사람들이 들어와요. 아이누 여자들이죠. 이 여자들은 검고 거친 머리칼을 마구 헝클어뜨린 채 머리에 띠를 두르고 맨다리를 드러내고 다녀요. 약혼을 한 아이누 여자는 윗입술에 콧수염 모양의 문신을 새겨요. 결혼을 하면 이 문신을 뺨 쪽으로 올려 그린답니다.

아이누 여인들은 동작이 느리고 한 손으로 늘 입을 가리는데, 그래야 아이누

---

❶ 빅토리아 여왕1837-1901 시대에 영국의 중산층 사이에서 유행한 스타일이다. 과도한 장식, 불룩하고 두껍게 천을 씌운 가구들이 특징이다.

식 예절에 맞다고 하네요. 일본 여자들 중에도 그런 여자들이 있었는데, 알고 있나요? 이 아이누 여인들이 문 바로 안쪽에서 무릎을 꿇으면, 그 앞으로 선교부의 도움을 받는 아이누 아이들이 다섯 명씩 줄을 지어 앉아요.

　X 씨가 작은 풍금을 치기 시작하면 오래된 찬송가 곡조에 맞춰 생전 처음 들어보는 괴상한 단어들이 밤의 정적을 흔든답니다. 길을 가다 멈춰선 털북숭이 조랑말이 궁둥이를 깔고 앉아 "착하고 어진 예수" 하고 노래를 부른다 해도 그보다 더 이상하진 않을 거예요. 저는 내심 그렇게 웃길 수가 없었죠. 첫날 밤엔 웃음을 참지 못할까 봐 조마조마했어요. 너무 애처로워서 눈물이 날 지경이면서도 또 너무 희극적이라 자꾸 몸이 뒤틀리는 것 같았거든요. 하지만 풍금 앞에 앉은 이 진지한 여인은 이런 점을 전혀 깨닫지 못하고 있었으므로, 저도 자제해야 했어요. 저는 이 여인이 이런 원시적인 환경에서 조상 대대로 이교도였던 아이들과 20년 세월을 함께했다는 사실을 결코 잊지 않고 있답니다. 아이누 족이 영원히 기독교인이 되지 못한다 하더라도 이 밝은 집에서 뭔가 따뜻하고 인간적이고 깨끗한 것을 배워가긴 할 거예요.

　모두 즐겁게 찬송을 부른 다음에는 다 함께 주기도문을 낭송한답니다.

제가 오기 전까지 20년간을 X 씨는 줄곧 혼자 지냈다고 해요. 예외라 봐야 그 지역을 담당하는 주교의 여동생이 한 번 와서 며칠 지내다 간 것과 삿포로에서 한 해에 두 번 부주교가 와서 '신도들'의 결혼식, 세례식, 장례식을 거행하는 때가 전부였죠.

　마침 이번 주가 부주교가 이 벽지를 찾아오는 때라서, 어제 저녁에 부주교 일행이 도착했어요. 그런데 어제 아주 난리가 났었어요. 그 일이 있었던 이른 오후 무렵에 저는 부엌 바로 위에 있는 제 방에 있었는데, 피가 거꾸로 솟구치는 듯한 소리가 작은 집안을 뒤흔들었어요. 공수해온 물건은 얼마나 소중한 것인지! 고통스런 비명을 내지른 주인공은 X 씨였죠. "아, 내 햄, 내 햄. 아, 아, 내 햄! 저 고양이가!" 외국인들의 기호에 맞춘 물자를 구하려고 몇 주 전부터 주문을 해서 아주 먼 도시에서 공수해온 햄이었죠. 아마 요코하마에서였을 거예요. 그런데 아이누 고양이가 양심도, 도덕도 없이 그 햄을 가로채고 말았고, 그래서 결국에 "아, 내 햄, 내 햄!"이 터져나오고 만 거예요.

X 씨는 정치를 비롯한 여러 분야에 대해 놀라울 만큼 늘 최근 정보를 꿰고 있어요. 유수의 잡지나 평론지를 구독하고 독서를 많이 해서 그런가 봐요. 물론 이런 벽지에서 워낙 오래 살다 보니 조금 엄격하다 싶은 면도 없진 않지만, 존경스러울 만큼 아주 세련된 사람이랍니다.

이 마을 아이누 족은 온순하고 평화로워 보여요. 가장 나쁜 유혹이라고 해봐야 음주 정도죠. 술은 일본인들이 파는데, 아이누인들은 술을 마시는 즉시 술기운이 돈답니다.

예외적인 경우였는지는 몰라도 며칠 전에 야만적인 장면을 목격했어요. 아이누들도 다른 원시 부족과 마찬가지로 벌거벗은 채 스케치를 당하면 영혼이 쉬이 빠져나간다는 미신을 가지고 있어요. 요람에 무척 귀여운 아이가 있기에, 옷을 벗긴 채로 아이를 그리게 해달라고 졸랐죠. 아버지 쪽으로 일본인의 피가 섞인 듯한 아이였어요. 어쨌거나 무척 예쁘고 옷을 안 입은 모습이 참 사랑스러운 아이였어요.

제가 아기를 그리러 갔을 때, 아기가 울고 보채고 잠시도 가만히 있지를 않자 아기 엄마가 아기를 한 대 쥐어박았어요. 그러자 금세 한 남자가 들어와서는 아기 엄마에게 큰소리로 호통을 쳤어요. 그러고는 여자의 머리를 좌우로 냅다 쳤는데, 때릴 때 난 소리가 정말 끔찍했어요. 그 소리를 듣고 여자 몇몇이 문 앞으로 왔지만, 다들 겁에 질린 채 아이 엄마가 안됐다는 표정만 지을 뿐이었어요. 자기네까지 덩달아 맞을까 봐 겁이 났나 봐요. 저도 이 부부 사이에 끼어들 엄두를 내기가 쉽지 않았지만, 자리에서 일어나 그 남자에게 "이런 못난 사람 같으니라고. 내게 말채찍이라도 있으면 당신을 갈겨주고 싶어요!" 하고 말했어요. 그러고 나니까 제

속은 후련했지만, 그 때문에 상황이 달라지리라 기대하진 않았어요. 그 후 그 남자가 여자를 몇 대 더 때리고는 집을 나가버렸답니다!

아이누 족은 아기를 무척 좋아해서 자기 애가 없는 경우에는 찢어지게 가난한 일본 사람한테서 아기를 사기도 한대요. 이곳의 어느 젊은 여자는 2엔 50센을 주고 여자아이를 샀어요. 그런데 그 젊은 여자가 결혼을 하게 되면서 자기 애가 생겼죠. 그러자 여자는 데려온 애한테 전혀 관심을 기울이지 않았어요. 보살핌을 받지 못한 탓에 아이의 머리에는 부스럼이 잔뜩 생겼죠. 지저분하고 적대감마저 보이기도 하지만, 그 아이에게는 일본 여자아이다운 생기가 넘쳐요. 떠돌이 고양이처럼 기가 죽는 법도 없죠. 하지 말라면 더 하려 들거든요. 한번은 제가 X 씨에게 그 여자아이 이야기를 꺼내자 "아, 하나부터 열까지 아주 고약한 녀석이에요" 하더군요. 제가 부인 말을 못 믿겠다고 하자 X 씨의 말이, 물론 다른 나쁜 짓도 했지만 무엇보다 그 아이가 "동네 우물에 침을 뱉었다"라고 하더군요. 그 말썽꾸러기는 고작 네 살밖에 안 됐는데 말이에요! 얼마 전에는 나이가 많은 녀석들이 그 애를 에워싸고 못 살게 구는 통에 그 애가 마구 악을 쓰고 우는 장면을 봤어요. 그 어린 애가 어찌나 서럽게 울던지요! 그래서 제가 허리를 숙이고 그 아이의 양손에 동전 하나씩을 쥐어줬어요. 그러자 아이의 지저분한 얼굴이 밝게 빛났죠. 그 애는 나를 한 번 보고, 다른 아이들을 한 번 보고, 돈을 한 번 쳐다봤어요. 순식간에 백만장자가 된 셈이었죠. 제가 그 아이를 가게로 데리고 들어가 사탕을 사주려 하자 기가 죽은 적군들도 그 아이를 졸졸 따라왔어요. 그 녀석들로서는 한 번에 그렇게 많은 사탕을 사본 적이 없었겠죠. 버려진 그 아이는 앞으로 어떻게 자라게 될지!

배첼러 부주교님은 건강상의 이유로 아주 젊을 때 북해도로 왔답니다. 건강이 회복될 즈음에는 아이누 족에 대한 애정도 깊어지고 관심도 많아져서 평생 그들을 위해서 살기로 결심했대요. 지금은 아주 근사한 노인이 되었는데, 이상하게도 외모가 어딘지 아이누 족을 닮았어요. 본인은 그 점을 아주 뿌듯하게 생각한답니다. 부주교님이 이야기를 풀어놓기 시작하면 넋을 놓고 듣게 되는데, 워낙 이야기를 진솔하게 하기 때문에 글보다는 직접 들어야 해요.

아이누 족에게 배첼러 부주교님이나 먼로 박사님◉ 같은 분들이 있어서 참 다행이에요. 먼로 박사님은 의약품을 많이 기증하셔서 아이누 족들이 무척 좋아해요. 이들은 정말 다양한 의료 지원이 필요한 사람들이에요. 여기선 늑막염이 아주 흔해서 겨울에는 늑막염으로 죽는 여자들이 많아요. 아무리 가난한 사람도 푼돈을 모아 외국인이 가져온 약을 사죠. 이 척박한 마을에서 볼 수 있는 아주 기묘한 장면 중 하나는, 코끝에 안경을 걸친 X 씨가 근엄한 표정으로 남루한 옷차림의 원주민들에게 나눠줄 약을 저울에 다는 모습이에요. 원주민들은 존경해 마지않는 X 씨가 약을 나눠주길 기다리면서 매일 저녁 문 앞에 줄을 선답니다.

어떤 이들은 몇 세대 못 가서 아이누 족이 사라질 거라고 해요. 그러나 아이누인이 일본인과 결혼해 낳은 아이들은 아주 건강하고, 똑똑하고, 튼튼하다더군요.

아이누 족은 수수를 재배하는데, 수숫가루로 작고 둥근 케이크 같은 걸 만들어 먹어요. 사탕옥수수와 채소도 몇 종류 재배하지만 춥고 긴 겨울을 배고프지 않게 지낼 만한 수확량은 안 된다고 해요. 마을 가게에서 파는 물건은 멀리서 가져오기 때문에 값이 비싸고, 가게를 운영하는 일본인들도 가난한 계층에 속해요.

강에는 물고기가 바글바글한데, 이 물고기들은 일본인들이 세운 통조림 공장 차지라고 하네요. 이제 아이누 족에게는 사냥을 하거나 물고기를 잡을 권리가 없다고 해요. 타고난 사냥꾼이자 어부인 이 종족에게 큰 시련이 아닐 수 없죠. 예전

───────────

◉ 고든 먼로Gordon Munro 박사로, 유명한 인류학자이자 《원시 사회의 일본Primitive Japan》의 저자이다.

에 아이누 족은 혹독한 겨울 추위로부터 발을 보호하기 위해 생선 껍질로 신발을 만들어 신었대요.

제가 보기에 아이누 족은 삶의 의욕을 잃은 듯해요. 비렁뱅이로 전락하고 말았죠. 아이들을 그렇게나 좋아하지만, 줄곧 빠른 속도로 떨어지기만 하는 출산율은 바뀌지 않고 있어요.

이 시골은 저를 비애에 젖게 해요. 이곳 선교부에서 운영하는 교회의 주일 예배에 참석할 때면 특히 그래요. 일본인 목사가 주관하는 이 예배에는 소수의 '개종자'들이 참석하고 X 씨가 풍금을 치죠. 이들이 아이누 말로 〈즐겁게 안식할 날O DAY OF REST AND GLADNESS〉을 부를 때면, 교회 창문 밖으로 보이는 밭에서는 '비非개종자'들이 고되게 일을 하고 있답니다.

일본과 하와이
JAPAN AND HAWAII

•

•

•

엄마 같은 여자아이 Little Mother, Japan 1936 월터 에징 14×25.4 JJJ Bland 소장

12
일본의 어린이들과 지진 이야기

•

•

•

도쿄에서 쓴 편지

저는 일본을 잘 알고 있고, 일본의 볼썽사나운 측면 때문에 고생하는 사람이며, 또 6년 전과 비교해 도쿄가 나쁘게 변해가는 것을 두고 불평을 늘어놓는 사람이긴 하지만, 매번 일본에 올 때마다 신선하고 새로운 인상을 받습니다.

전에 없던 추한 모습은 피할 도리가 없다 하더라도, 지금이나 앞으로의 일본에는 특별하고 형용하기 어려운 매력이 있어요. 따지고 들어 이유를 찾으려 해봐야 허사죠. 그 이유가 날씨에 있든 색채에 있든 혹은 사람들 자체에 있든 그게 뭐가 중요하겠어요? 일본은 매력적인 나라이고, 저는 일본에 처음 왔을 때 느낀 짜릿한 즐거움을 지금도 만끽하고 있답니다.

나카, 하루, 다니, 마코토, 미예, 마리는 제 어린양이면서 사랑스러운 어린 친구들

지나간 날의 어린이들Japanese Children of Yesterday 1925 채색 목판화 28.6×34.6 JS 소장

이에요. 이 아이들이 얼마나 성장했는지 언니는 믿지 못할 거예요. 내성적이고 섬세한 나카는 키가 크고 몸이 가녀린 것이 꼭 가젤 같은 제 엄마를 닮았어요. 하루는 전형적인 일본 어머니 타입이라 아주 굳세답니다. 크고 통통한 아이를 팔에 안은 채 비틀거리며 돌아다니길 좋아하죠. 운동도 잘하고, 매일 아침 제일 먼저 일어나는 아이예요. 요정 같은 다니를 어떻게 묘사해야 좋을까요. 거침없고, 인간적이고, 열정적이고, 관대하고, 사랑스런 아이랍니다! 안주인 노릇도 아주 완벽해서 늘 손님을 배려해주고 자기 것을 온 세상과 아낌없이 나누고 싶어 하는 아이예요.

마코는 착한 사내아이가 되려고 의식적으로 노력을 해요. 역사상 최초로 제 자리를 찾은 일본 남자아이인 셈이죠. 마코의 누나들은 매번 마코를 윽박지르곤 해요. 그러다 옛날 법도를 따르는 친척집에라도 가면, 그 집 하인들이 이 어린 주인님을 극진히 모시는 통에 마코는 왕이라도 된 듯 의기양양해져서 집으로 돌아오죠. 그러면 누나들은 "마코 녀석, 대가리가 잔뜩 부풀어서 돌아왔군!" 같은 말을 내뱉곤 해요. 천성이 의젓한 이 작은 소년은 워낙 사랑스럽고 이해도 빠른 편이라 어떤 환경에서도 잘 적응해나갈 거예요.

미예는 몸집이 너무 작아서 어린 소녀라기보다 꼭 인형 같아요. 얼굴에 가면을 쓴 것처럼 좀체 속내를 드러내질 않죠. 언니도 알다시피 일본 아이들에게 포옹은 우리네 아이들에게처럼 자연스러운 일이 아니에요. 특히 미예가 그래요. 며칠 전 아침에 아래층으로 내려갔다가 미예에게 "자, 미예야, 아빠랑 포옹하는 것 좀 보여줘"라고 했었죠. 그러자 미예가 성난 얼굴로 저를 바라보며 "벌써 했어요!" 하고 목소리에 힘을 실어 말하더군요. 포옹 의식을 두 번씩이나 치러야 되나 싶어서 요 쥐방울만 한 녀석이 잔뜩 겁을 먹었더라고요. 그러던 미예가 며칠 전에는 너무 들떠서 그만 '체면을 구기고' 말았어요. 외국 스타일로 꾸민 큰 가게의 어린이 용품 코너에서였죠. 매장 천장에 판지로 만든 어린이 모형 겸 옷걸이가 매달려 있었는데, 그 옷걸이에 전혀 예쁘지 않은 서양식 점퍼스커트가 걸려 있었어요. 그런데 세상에, 세련된 일본 어린이라면 기모노 위에 꼭 이 점퍼스커트를 겹쳐 입어야 된다네요! 미예는 평소 모습을 완전히 잊고 즐거운 비명을 질렀어요. 그러고는 그 작디작은 손가락으로 위를 가리키며 일본식 영어 발음으로, "룩, 룩, 데레즈 어 보이 앤드 데레즈 어너저 보이, 앤드 데레즈 어 걸!" 하고 외쳤죠. 판지로 만든 어린이 모형의 무표정한 얼굴과 멍한 눈동자에 한껏 들뜬 작은 여자아이의 모습을 보고 주위 사람들 모두 미소를 지었답니다.

마리는 오동포동한 갓난쟁이에요. 다른 애들 말이 이 아이는 유독 포옹을 잘한다고 하더군요.

새 시대의 진정한 주역인 이 아이들은 서양식 옷을 입고 서양식 음식을 먹으며 영국인이나 미국인 가정교사를 두고 있어요. 가까이 지내는 서양 친구들도 많고요. 물론 아이를 돌보는 사람은 일본인이고, 이 아이들도 근본적으로는 일본인이지만요.

하루는 가정교사가 다니의 잘못된 행동을 엄하게 꾸짖었어요. '거칠게' 굴었다는 이유에서였죠. 제가 듣고 있어서 더 잘못했다는 생각이 들었는지 뉘우치는 듯한 눈빛으로 저를 바라보더군요. 일장연설을 다 듣고 난 다니는 가정교사를 향해 불쑥 손을 내밀며 그 높고 귀여운 목소리로 이렇게 말했어요. "다니도 정말 노력하고 있어요. 선생님 우리 같이 〈오, 온화한 그대여O, GENTLE PRESENCE〉를 불러요!"

또 하루는 걸인이 와서 자기 애들이 배를 곯고 있으니 돈을 달라고 사정을 했는데, 한눈에 보기에도 거짓말쟁이였어요. "저 거지는 게으른 사람이야"라며 제 엄마가 한 푼도 주질 않자 마음씨가 따뜻한 다니가 신경이 쓰였나 봐요. 돌아서면서 다니가 "음, 너무 게을러서 은행에 못 갔나 봐!" 하고 혼자 중얼거리는 게 들리더군요.

마코토는 제 방에 들어오는 것을 무척 좋아해요. 새로운 게 있기만 하면 자기 엄마 방도 궁금해 하는 아이거든요. 요즘은 들어오기 전에 노크하는 법을 배우고 있어요. 아직 어려서 손이 간신히 손잡이에 닿는 정도지만요. 이 작은 소년이 영국 신사라도 된 듯 노크를 하고 제 방에 들어오는데, 방의 절반쯤까지 이미 다 들어온 뒤에야 아주 점잖은 목소리로 이렇게 말한답니다. "들어가도 되겠습니까?" 그 다음에는 화장대로 가서 커다란 분통 뚜껑을 열죠. 그러고는 그 작디작은 코에 신나게 분칠을 다 하고서야 "발라도 되겠습니까?" 하고 묻는답니다.

관동대지진이 있은 지 두 달째입니다. 지금은 M 부인의 집에 머물고 있어요. 이틀 전 아침 여섯 시 정각에 갑자기 굉음이 들리고 진동이 느껴져서 다들 깜짝 놀랐어요. 세상의 온갖 원한, 증오, 분노가 한데 뒤섞여 물리적인 힘으로, 그야말로 저항할 수 없는 위력으로 바뀐 것만 같았죠. 한 이삼 초간 잠잠한가 싶더니 이내 삐걱거리고 뒤틀리고 쪼개지는 소리가 들리다가, 결국엔 온 집에서 신음 소리 같은 게 들렸어요. 전 빨리 일층으로 내려가 식구들과 같이 있어야겠다는 생각뿐이었어요. 침대에서 벌떡 일어나 불을 켰더니 정전이었고, 가운을 걸치거나 슬리퍼를 신을 새도 없이 난간을 더듬어 내려갔는데 층계 끝까지 못 갈 수도 있겠다 싶더라고요. 한참이 걸려서야 M 부인의 방까지 갔어요. M 부인의 남편은 멀리 시골로 여행 중이었고요. 우리는 침대에 같이 앉아 있었어요. 잠깐 굉음이 잦아들었다가 불시에 다시 격심한 진동, 굉음, 요동이 시작되었고, 곧이어 부서지고 쪼개지는 소리가 뒤따랐어요.

이 모든 일이 12분간 계속됐어요.

M 부인이 애원하듯 제게 옷을 입으라고 했어요. B 양이 와서 저와 같이 제 방에 가주겠다고 했죠. 그 층계를 혼자 올라갈 용기는 도저히 나질 않더군요. 황급히 옷을 찾아 반쯤 걸치는 둥 마는 둥하고 B 양과 저는 다시 캄캄한 어둠 속을 더듬어 애들 방으로 갔어요. 촛불 하나에 의지해 네 명의 어린양들이 자못 심각한 분위기로 서둘러 옷을 입고 있더군요. 눈이 커다래져 있었지만, 단추랑 후크를 정확히 제자리에 채우고 있었어요. 낮은 목소리로 제게 "소리 들었어요? 무지 컸죠?" 하고

묻더군요. 아이들의 자제력이 정말 놀라웠어요.

오늘은 모두가 커다란 식탁에 둘러앉아 점심을 먹고 있었어요. 할머니, 어머니, B 양, 영국인 가정교사, 아이들 다섯, 하녀 두 사람과 함께였어요. 그런데 갑자기 지진이 일어나면서 우리가 앉아 있던 의자와 집을 마구 흔들어댔어요. 울거나 움직이는 아이는 한 명도 없었어요. 우리는 모두 식사를 중단했죠. 일하는 하인들은 접시를 손에 든 채로 가만히 서 있었고요. 갓난쟁이 녀석만 엄마에게 매달려 칭얼거릴 뿐 다른 아이들은 얼굴에 미소를 띤 채 기다렸어요. 참으로 일본 아이다웠어요!

대지진의 참모습을 하루하루 새삼스레 실감하고 있답니다. 요코하마로 오면서 본 이곳의 모습을 말씀드리지 않은 것 같네요.

항구에 매놓았던 배들은 시커멓게 탄 채 잔해만 남아 있었어요. 포장도로는 움푹 패여 있었고요. 광대한 콘크리트 부두마저 뒤틀리고 뒤집힌 채 반은 물에 잠겨 있더군요. 연안에는 반쯤 탄 물건들이 쌓여 있었고요. 나무는 한 그루도 보이지 않고 타버린 밑동만 몇 개 남아 있었죠. 한때 분주한 도시였던 자리에는 건물들이 사라지고 없었어요. 대형 창고의 잔해만이 술에 취해 비뚤어진 듯 서 있었죠.

제 옆에 서 있던 여자 승무원이 자기 딸에게서 들은 이야기를 들려줬어요. 그 딸은 요코하마의 어느 상점에서 일했었다는군요. 엄청난 충격이 밀어닥쳤을 때 가게의 안주인은 그때까지만 해도 지진의 여파가 닿지 않는 지점에 서 있었대요. 그런데 문득 비싼 다이아몬드 생각이 난 안주인이 그걸 챙기겠다고 다이아몬드를 둔 곳으로 달려갔답니다. 그때 두 번째 충격이 왔고, 그 여자는 그 자리에서 옴짝달싹도 못하게 되고 말았대요. 다른 사람들은 이미 피한 뒤였고요. 불길이 이는 가운데 여자가 울부짖었고, 남편은 부인과 최대한 가까운 곳까지 접근해 도움을 청했어요. 남편은 지나가는 사람들에게 상당한 액수의 돈을 제시하며 부인을 구조할 수 있도록 도와달라고 사정을 했지만 아무도 응하는 이가 없었대요.

불과 얼마 전에 우리가 떠날 때만 해도 부산스레 돌아가던 이 큰 부두는 늘 시끌벅적하고 정신없고 우악스레 오가는 사람들로 가득한 곳이었는데, 이제는 깊은 정적에 휩싸인 채 겨우 우리 배를 맬 수 있는 자그마한 나무 판때기만 남은 곳으로 변해 있었어요.

저는 익숙한 장소를 찾아보겠다고 반나절이나 요코하마를 돌아다녔어요. 무사한 집이 몇 채는 있겠지 싶었는데, 절벽에나 초라한 자취가 남아 있을 뿐 크고 작은 집들이 죄다 쓰러져버렸더군요. 집의 잔해는 제멋대로 뒤틀려 있었고, 그나마 쓰러지지 않고 곧게 선 벽에는 이런저런 것들이 덩그러니 걸린 채로 곳곳에 금이 가 있었어요. 시내에는 은행 같은 몇몇 큰 건물들의 뼈대만 남아 있었고요.

영국 영사관 정원이 있던 자리에는 '신원 미상의 유럽인'이라고 적힌 나무판자와 함께 측은해 보이는 무덤 몇 개가 있었어요. 그랜드 호텔 자리에는 욕조와 뒤틀린 철재 침대가 비참한 모습으로 나뒹그러져 있었고, 자동차 잔해가 산더미를 이루고 있었어요.

번창하던 사무실, 위엄 있던 회사 건물, 비단을 비롯해 각종 진귀한 물건을 취급하던 큰 주단 가게는 이제 허름한 양철 지붕을 얹은 작고 초라한 건물로 바뀌어 있었답니다. 운하도 벽이 허물어져 막힌 터였고요.

번화가였던 나카도리를 지나가 보았어요. 날씨가 아주 추웠는데 사내아이들이 벌벌 떨면서 물건을 팔려고 작은 건물 문 앞에 서 있더군요. 그 녀석들을 그냥 지나칠 수가 없어서 생각지도 않았던 물건을 잔뜩 샀어요. 가게 사람들은 아주 예의가 깍듯해서 절대 무례하게 구는 법이 없었어요. 이런 일을 하는 일본인들의 태도에는 아주 나긋나긋한 구석이 있죠. 값도 적당하고 다들 손님에게 최선을 다하려고 노력하는 데다 성가신 불편도 마다하는 법이 없답니다.

일본 사람들에게 또 지진이 날까 두렵지 않느냐고 물으면 "앞으로 삼십 년간

지진은 없을 겁니다. 전혀 두렵지 않아요" 하고 웃으면서 답한답니다.

폐허가 된 요코하마와 도쿄에서 특히 인상적인 것은, 엄청난 수의 뒤틀리고 부서진 자전거 같은 물건들을 아주 가지런히 모아둔 모습입니다. 자전거는 자전거대로, 차는 차대로, 다른 기계들은 기계대로 쌓아놓아요. 모두 아주 질서정연하게요. 망가진 자전거가 제일 안됐더라고요. 일본 사람들만큼 자전거를 영리하게 타는 사람은 세상 어디에서도 못 봤어요. 뒷자리 한가득 짐을 싣고 가는 짐꾼들만 해도, 딱히 지키는 교통법규랄 것도 없는 듯한데 사고가 나는 경우가 좀처럼 없었으니까요.

도쿄에서는 재건축을 서두르고 있어요. 긴자 거리에는 임시로나마 문을 연 음식점이 있어서 분위기가 밝아졌죠. 언니가 이곳에 오면 못 알아볼지도 몰라요. 새로 생긴 음식점은 서양식으로 바뀌었는데, 전깃불 조명 덕분에 실내 분위기도 연출되고 전반적으로 아주 근사해졌어요. 막일을 하는 일꾼들이 음식점에서 서양식 음식을 먹는 모습은 예전에 상상조차 할 수 없던 일이지요. 목수, 미장이 등 전국 방방곡곡에서 불려온 온갖 종류의 일꾼들이 작업을 하고 있답니다. 지금만큼 이렇게 노동력이 절실하던 때가 또 없었겠죠. 도쿄 내 수요가 워낙 많다 보니 수입 음식에 대해 세금을 부과하고 있어요.

요코하마가 최악의 순간을 맞던 그날 늦은 오후, 사람들은 하나같이 시커멓고 더럽고 행색이래 봐야 누더기 차림이거나 반쯤 벗은 상태였어요. 허리까지 진흙탕이 차오른 곳도 있었고, 어떤 이들은 기름기가 잔뜩 낀 바닷물 위로 머리만 내밀고 있었어요. 이 이야기는 ○○ 부인이 제게 들려준 것인데, ○○ 부인 일행이 서 있는 근처로 한 일본 청년이 조용히 다가와서는 들고 있던 커다란 보따리를 풀어놓더랍니다. 보따리 안에는 작고 보드라운 질감의 네모난 새 비단이 가득 들어 있었는데,

이 청년은 아무 말 없이 사람들에게 비단 조각을 한 장씩 건네더래요. 그러자 이 가없은 사람들은 감사히 여기며 그 비단으로 얼굴과 몸을 닦았죠. 비단은 사람들이 자존감을 회복하는 데 큰 도움이 되었고, 재와 땀을 닦아내게 해줌으로써 사람들에게 새로운 희망을 불어넣었답니다. 그 청년이 어디서 왔는지는 아무도 묻지 않았어요. 그들은 청년이 누구인지 몰랐고, 청년도 그들이 누구인지 몰랐어요. 작은 비단 조각을 수건으로 사용한다는 것은 진정 일본인다운 발상이었지요. 그렇게 큰 위안을 준 소중한 비단 꾸러미가 어떻게 불길을 피할 수 있었는지는 아무도 몰랐어요.

가마쿠라鎌倉에 사는 M 씨는 첫 번째 지진이 있은 지 얼마 후에 연안의 바닷물이 밀려나가는 것을 목격했어요. 그래서 집안사람들에게 "지진이 있은 뒤에는 늘 큰 파도가 들이친다. 그러니 당장 집을 떠나야 한다"라고 말했지요. 그는 가족과 하인들을 다 불러모았는데, 소타로라는 늙은 정원사가 좀처럼 떠날 생각을 않더라는 거예요. "소타로, 같이 갑시다. 당장 가자니까!" 하는 주인의 말에 소타로는 "그러면 이 집은 누가 돌봅니까?" 하더래요. 아무리 말해도 늙은 정원사는 꿈쩍도 하지 않았죠. 할 수 없이 그를 남겨두고 떠났는데 신기하게도 집이 쓰러지지 않았대요. 정원 담벼락만 조금 쓸려 내려갔다는군요.

도쿄에 있는 은행에 갔더니 그 큰 은행은 수리 중이고, 사무는 옆에 있는 작은 건물에서 보고 있더군요. 제 일을 처리해준 은행원의 이마에 붉은 상처가 있었어요. 은행 건물이 심하게 파손된 것 같기에 제가 그 은행원에게, 지진이 났을 때 은행 밖에 있으셨어야 했을 텐데요. "괜찮으셨어요?" 하고 묻자 그 사람이 힘없이 웃으며 일본인답게 공손한 말씨로 "은행 안에 있다가 돌아가신 분은 없습니다" 하더군요. 그러고는 자기 상처를 가리키며 "집에 불이 나서 안사람과 세 아이를 구하려다 다쳤습니다" 하고 대답했어요. 그래서 제가 "식구들 모두 무사히 빠져나오셨길 바라요" 하자, 그가 조용히 "그러질 못했습니다. 안사람과 아이들 모두 불길에 재가 되고 말았습니다" 하더군요.

가마쿠라의 대불The Daibutsu, Kamakura 1922 채색 목판화 31.5×44.5

B 씨가 모든 것을 잃었다는 애기는 한 적이 있었죠? 집이며 물건이며 모두 불에 타서 잿더미가 됐어요. 그리고 얼마 후 B 씨가 한 일본인을 만났는데, 그 사람이 B 씨에게 정중히 안부를 물었대요. 그러자 B 씨는 잃어버린 물건들을 일일이 열거했는데 저도 그 상황에서는 당연히 그랬을 거예요, 개중에 대부분은 다시 구할 수 없는 것들이었죠. 그러고는 B 씨가 그 일본인에게 "별일 없으셨어요? 괜찮으셨어야 할 텐데 말입니다" 했더니, 그 사람이 조용히 한다는 말이 "저는 아들 셋을 잃었습니다" 하더래요. B 씨는 앞으로 어떤 일본인에게도 뭘 잃었네 하는 말은 절대 꺼내지 않겠다는군요.

언니도 W 씨●가 얼마나 여러 해 동안 출판 사업을 키워왔는지 아시죠? 영어, 독일어, 프랑스어로 된 판화 관련 서적들도 많이 소장하고 있었죠. 그 집 창고에는 출판물이 가득했는데, 그게 다 타버리고 말았어요. 출판사 건물이며 그 안에 있던 물건들도요. 지금은 그 자리에 허름한 목재 창고를 지었어요. 우리가 갔을 때 '환영의 차'를 내왔는데, 늘 사용하던 오래된 찻잔과 옻칠을 해서 반짝이던 쟁반 대신 새로 산 싸구려 찻잔과 쟁반에 차를 내왔더군요.

그럼에도 여전히 따듯한 미소와 품위 있는 행동으로 기분좋게 우리를 맞아주셨어요. 제가 물어보자 옷가지만 몇 벌 건지고 다른 건 어찌질 못했다고 하더군요. 묻지 않았으면 그 말도 하지 않으셨을 테고, 동정을 바라지도 않으셨어요. 다행히 영국과 미국에 있는 여러 친구 분들이 W 씨 부부에게 돈을 보내줬다더군요. W 씨는 그럴 만한 인격을 갖춘 분이죠.

일본의 견습공 같은 견습공은 세상 어디에도 없어요. W 씨의 견습공이 그 좋은 예랍니다. 그 아이는 아침에 가장 먼저 일어나 공장 청소를 해요. 또 본인의 품위를 떨어뜨리는 일이라 못하겠다는 일도 없고, 무슨 일을 하든 자존심을 걸고 해

● 키스의 목판화를 출판한 와타나베 쇼자부로渡邊庄三郎를 가리킨다.

내죠. 전 그 아이가 커다란 소포를 포장하는 모습을 지켜보는 게 좋아요. 그 아이는 그 많은 배송물을 모두 포장해서 우편물로 내보내는 일을 맡고 있는데, 그 일은 절대 만만한 일이 아니에요. 그러고는 아무리 험한 길도, 아무리 등에 지기 힘든 소포도 마다하지 않고 자전거를 타고 힘차게 달린답니다. 그 작은 창고를 둘러보면서 든 생각은, 한 치의 오차도 없이 깔끔하고 정연하게 일을 처리하는 저 소년 같은 사람이 없다면 이 작은 공장에서 저 많은 일을 해낼 수는 없겠구나 하는 거였어요. 종일 힘든 일을 하고도 그 아이는 밤이면 영어 공부를 하는데, 쓰기도 말하기도 아주 뛰어나답니다.

    ○○ 관동대지진 때 제 목판화와 목판 원본도 상당수가 파손됐어요. 그중에는 〈여름 해변에 비친 모습, 가마쿠라〉p.12, 〈가마쿠라의 대불〉p.190, 〈시골 결혼 잔치〉p.33, 〈아침 수다, 함흥〉p.54, 〈해 뜰 무렵의 동대문〉p.222 등이 있는데, 희소가치가 높아질수록 수집가에게는 더 매력적이기 마련이죠. 이 중 어떤 것은 다 팔렸기 때문에 꽤 웃돈을 줘야지만 구할 수 있게 됐어요.

13
다시 찾은 교토와 호놀룰루

•
•
•

교토에서 쓴 편지

교토의 기온제祇園祭ᐧ를 스케치하러 왔어요. 아주 예전에 잠깐 스쳐지나간 게 전부이지만, 교토에 대한 기억은 놀라울 정도로 선명해요. 어디든 알아서 찾아갈 수 있을 정도예요.

어린아이들은 예나 지금이나 저를 사로잡아요. 언덕 위 사원으로 향하는 인파로 북적이는 길을 가다가도 어린애만 보면 멈춰 서서 말을 걸곤 하죠. 누군가는 발전이라 여길지 몰라도 제게는 안타깝기만 한 변화가 한 가지 있답니다. 크고 넓어진 길 위로 서양식 가게들이 자리잡은 건데요, 교토의 이런 주요 도로에는 도쿄의 긴자 거리만큼이나 사람이 많아요.

───────────

◗   도쿄의 간다 축제神田祭, 오사카의 덴진 축제天神祭와 더불어 일본의 3대 축제로 손꼽힌다. 869년 교토에 유행했던 전염병을 퇴치하기 위한 제사를 기온사祇園社에서 지낸 데서 축제가 유래되었다.

일본 아이들의 어떤 점이 이렇게 저를 사로잡을까요? 엄마 품에 고이 안긴 일본 아기들은 귀여운 솜털처럼 보드랍고, 조목조목 너무나 예뻐요. 동그란 단추 같은 입과 보드라운 피부에 머리칼은 마치 비단으로 만든 치실처럼 부드럽죠. 또 하도 작아서 꼭 작은 인형 같기도 해요. 동양에서는 일본 아기들이 제일 예쁘답니다. 중국, 한국, 필리핀 아기와는 비교가 안 되죠. 밝은 색깔의 포근한 강보에 감싸인 채, 반짝이는 두 눈과 제겐 신기하게만 보이는 삭발 머리를 엄마나 유모의 어깨 뒤로 빠끔히 내민 아기들의 모습을 어딜 가나 볼 수 있어요. 여자아이들에게는 밝은 색 옷을 주로 입히는데, 주홍색과 분홍색 조합이나 검정이 살짝 들어간 오렌지색인 경우도 있지만 대개는 주홍색과 흰색을 입혀요. 사내아이들 옷은 갈색과 녹색이고요.

　　언니가 D 양과 만날 기회가 없었다니 안타깝네요. 저는 지금 D 양과 같이 지내고 있어요. D 양은 일본에 사는 서양인 중 가장 흥미로운 사람이에요. 그녀는 독립적이고, 다른 어떤 나라보다 일본에 있는 걸 좋아해요. 그녀는 일본인들의 심리를 아주 잘 이해하고, 이곳 일본인들도 그녀에게 아주 잘 대해준답니다. 각양각색의 여행객들이 늘 교토를 찾곤 하는데, 그들 대부분이 D 양에게 연락을 해요. 어떤 때는 서로 잘 모르는 낯선 사람 여남은 명이 D 양의 세계적인 테이블에 앉아 환대를 받으며 같이 식사를 하기도 한답니다.

　　제가 이곳에 온 뒤 만난 사람 중에 제일 재미있는 사람은 세이호◑ 씨입니다. 그는 D 양의 친구예요. 세이호 씨를 현존하는 일본 화가 중에 최고로 꼽는 사람들이 많아요. 그분의 작품을 기억하세요? 세이호 씨의 그림은 완전히 일본식인데, 본인 말로는 고흐의 작품에서 간접적으로 영향을 받았다고 하더군요. 처음 일본에 왔을 때 니토베 박사님께서 제게 세이호 씨의 그림을 보여준 뒤로 저는 줄곧 그

◑　다케우치 세이호竹内栖鳳를 가리킨다.

분의 작품을 흠모해왔지만, 이번에 본 그분의 작품 〈소주Soochow〉는 정말 좋았어요. 그 그림을 보니 세이호 씨가 과거 중국 대가의 정신을 잘 포착했다는 생각이 들더군요. 흠잡을 데 없는 몇 개의 선과 단순한 듯 보이는 붓질만으로 소주의 깊이와 명암을 묘사한 작품이었어요. 그는 오래된 중국 사찰의 정적과 시적 아름다움을 잘 담아내는 화가예요.

제가 세이호 씨를 만나 좋았듯이 그분도 저를 만나 좋으셨나 봐요. 이전에 만난 적은 없지만 서로의 작품을 높이 평가하고 있었고, 세이호 씨는 제 판화도 여러 장 구매하셨다고 하더군요. 세이호 씨의 친구 분들도 제 판화를 샀대요. 세이호 씨가 제 작품 〈소주Soochow〉를 높이 평가하는 이유는 작품 속의 군중과 그들이 보여주는 인간미 그리고 삶의 모습 때문이라고 하더군요. 그렇게 유명한 화가에게 칭찬을 들으니 정말 기뻤어요.

세이호 씨가 저를 포함한 D 양 일행을 극장으로 초대했어요. 그 극장에는 세이호 씨를 위한 특실이 있는데, 그곳에서 세이호 씨 가족과 함께 연극도 보고 식사도 했죠. 도쿄에 있는 극장은 아직 복구가 안 된 터라 그날 밤 우리는 이곳 교토의 극장에서 일본의 손꼽히는 배우들을 볼 수 있었어요. 특실에는 15명이 앉을 수 있었어요.

일본인들은 화가를 평가하고 흠모하는 데 있어 굳이 그 화가가 죽기까지 기다리지 않아요. 저녁 내내 연극의 막간마다 각양각색의 사람들이 올라와 이 그림의 대가에게 정중히 인사를 건넸어요. 세이호 씨는 소박하지만 품위 있게 답례를 했지요. 찾아와 인사를 한 사람 중에는 주연 배우도 있었고, 게이샤도 몇 명 있었어요.

이 미술의 대가와 함께 있을 때의 느낌을 전혀 다른 세계의 또 다른 대가를 만난 자리에서도 느꼈답니다. 바로 《황금가지THE GOLDEN BOUGH》의 저자 제임스 프레이저JAMES FRAZER 경을 만났을 때예요. 두 사람 다 상대의 의견을 아주 솔직하고 부드러운 태도로 묻고, 자기보다 훨씬 못한 사람의 의견도 존중하는 태도로 귀를 기울이죠. 서로 전혀 다른 분야에서 두각을 나타내고 있는 이 두 사람과 함께 있을 땐 저도 마음이 아주 편안해지면서 스스럼없이 의견을 말하게 되더라고요. 두 분 다 마음의 그릇이 크기 때문에 가능한 일이 아닐까 싶어요.

세이호 씨의 아들이 특이한 경험담을 들려줬어요. 그는 일류 수영 선수인데, 하루는 고베 인근에서 수영을 하느라 아주 고된 하루를 보냈답니다. 그곳에 간 이유는 어린 동생이 궂은 날씨에도 수영을 할 수 있도록 훈련을 시키기 위해서였죠. 요란스레 파도가 부서지는 곳에서 수영을 하고 있는데, 형의 눈에 물 밑으로 검은 물체가 휙 지나가는 것이 보였대요. 그리고 이내 발목에 극심한 통증을 느꼈답니다. 주위는 금세 피로 물들었죠. 상어가 지나갔다는 사실을 깨달은 형의 머릿속에 제일 먼저 떠오른 건 동생이었어요. 두 사람은 꽤 떨어져 있었거든요. 형은 의식이 흐릿해지기 시작했지만, 다행히 동생은 해안에서 그리 멀지 않은 곳에 있었대요. 형은 서둘러 동생이 있는 곳으로 갔고, 형제는 기적같이 빠른 속도로 헤엄쳐서 물 밖으로 빠져나왔어요. 출혈이 있었던 형은 그제야 힘이 빠지기 시작했어요. 형은 발 한쪽이 완전히 잘려나갔으리라 생각했는데, 상어 이빨이 발목뼈까지 들어오긴 했지만 다행히 발목에 상처만 남겼다고 하더라고요.

그렇더라도 물 밖에 나온 뒤 과다 출혈로 자칫 생명을 잃을 수도 있었는데, 마침 지나가던 프랑스인이 위급한 상황을 눈치채고 사람들을 데려와 인근 병원으로 청년을 옮겼대요. 그런데 믿지 못할 이야기지만 병원의 일본인 간호사가 "안 됩니다. 들어오시면 안 돼요. 피가 너무 많이 나잖아요! 병원이 엉망이 된다고요!"라며 받아줄 생각을 않더래요. 그래도 결국엔 청년을 받아줬다는군요.

교토의 기온제가 열리는 밤이면 높이 매단 연등과 화려하게 장식된 자동차가 줄줄이 늘어선 채 부드러운 불빛을 뿜어낸답니다. 불빛 속은 가벼운 여름 기모노 차림의 인파로 가득하고요. 집집마다 길 쪽을 향해 문을 활짝 열어두는데, 집 안에는

불교 승려, 일 본 교토Buddhist Priest, Kyoto, Japan 1923 채 색 목판화 26×39

Elizabeth Keith.

197

일 년에 한 번 오직 이 축제 때만 사용하는 금색 병풍이 쳐져 있죠. 개중에는 이삼백 년씩 가보로 내려온 병풍도 있는데 워낙 관리를 잘해서 보관 상태가 완벽해요.

　저보다 명민하신 분들이 유려한 글솜씨로 이미 기술하신 부분에 대해서는 제가 애를 써봐야 허사가 아닐까 싶어요. 전 그저 마지막 날에 있는 '성스러운 소년' 행진●에 대해서만 쓸까 합니다. 마지막 날에는 진홍색 장식을 매단, 빛나는 갈색 말을 타고 한 소년이 등장해요. 성품이 착한 소년 중 한 명을 매년 뽑는다고 해요. 물론 인물도 훤칠해야 하고요. 얼굴 생김이 꼭 가면을 쓴 듯하죠. 체격도 연극 '노能●'에 나오는 배우 같고요. 어깨에 두른 근사한 예복은 꼭 옛날 궁중 복식 같아요. 말의 전후좌우에는 특별 수행원 네 명이 따르는데, 수행원들은 다들 커다란 빨간색 우산을 들고 가요. 극동 지역의 의식에서 우산이 얼마나 중요한 역할을 하는지는 본 적이 있으시죠? 그 뒤로 곳곳에 승려들이 있는데, 붉은색, 황금색, 초록색, 흰색 등 갖가지 색깔의 옷을 입고 줄지어 뒤를 따라가요. 승려들도 수행원을 거느리는데, 수행원들은 모두 흰옷을 입죠. 막일을 하는 일꾼들의 여름 기모노는 푸른색이고요.

　빽빽이 들어선 군중들 위 저 높은 곳에 있는 무표정한 소년의 얼굴은 마치 영원불멸의 존재처럼 투명하고 창백한 빛을 띠어요.

　이 성스러운 소년은 축제를 위해 일 년 내내 준비를 하고 훈련을 받는다는군요. 성스러움을 위해 뭇사람을 멀리하고, 심지어 어머니를 비롯한 그 어떤 여자도

● 　기온제 기간에 있는 '야마보코 순행山鉾巡行'을 가리킨다. 한국의 가마와 같은 야마보코를 끌고 역병이 사라지기를 기원하며 거리 행진을 한다. 여기서 '성스러운 소년'은 행진 대열의 선두에 서는 어린아이인 치고稚兒를 의미하는 것으로 보인다.
● 　가마쿠라 막부 시대 말기부터 시작된 일본의 가무극歌舞劇이다. 가면을 쓰고 서정적인 대사와 춤을 중심으로 공연하는 연극 양식이며, 일상적인 언어로 웃음과 풍자를 추구하는 연극 양식인 교겐狂言과 비교된다.

이 소년에게 가까이 가거나 소년의 몸에 손을 대지 못한대요.

D 양이 힘을 써준 덕분에 성스러운 소년이 휴게소에서 쉬는 틈을 타 가까이에서 몇 분간 스케치를 할 수 있었어요. 쉬는 시간이긴 했지만 소년은 예복을 입은 채 조금도 움직이지 않았고 표정 하나 흐트러지지 않더군요. 제게는 한 번도 눈길조차 주지 않았어요. 그림을 그리게 됐다는 사실에 너무 들뜬 나머지 제가 소년의 예복 주름을 펴주겠다고 그만 무의식중에 손을 내밀고 말았는데, 옷에 손을 대면 부정을 탄다는 말이 퍼뜩 생각나 황급히 손을 거두고 스케치만 했답니다.

가마쿠라에서 쓴 편지

이른 봄의 가마쿠라는 얼마나 아름다운지 몰라요! 아직 바람은 매섭지만 아침 산책을 나서면 햇살에 몸이 따스해지곤 해요. 사원을 둘러싼 고목에는 활짝 필 채비를 마친 꽃망울이 맺혀 있고요. 저는 그 꽃망울을 보러 날마다 산책을 나선답니다. 이곳 가마쿠라의 오래된 사원만큼 아름다운 사원은 없지 않을까요. 사원들은 먼지 한 톨 없이 깨끗하고, 그 뒤로 펼쳐진 청량한 신록은 너무나 아름다워요. 아직 신도들이 밀려들기 전이라 사원에는 정적과 평화가 감돌아요. 무엇보다도 이곳에선 모든 것에서 완전히 멀어진 듯한 감상을 느낄 수 있어서 참 좋아요.

길고 긴 돌층계를 오르고 또 올라 지하 세계를 관장하는 염라대왕상을 보는 것도 즐거운 일이에요. 악마든 천사든 뭐든 간에 아무튼 시종들과 염라대왕이 공간 하나를 독차지하고 있답니다. 애초에는 염라대왕과 그 시종들도 모두 밝은 색으로 칠해 명랑한 일당의 느낌이었다고 해요. 하데스에 있다가 새와 꽃과 노송들의 천국인 이 아름답고 세속적인 사람 세상으로 왔으니 분명 즐거운 변화였겠지요. 그가 있는 전각으로 향하는 돌계단이 닳을 만큼 세대에 세대를 거듭해 신도들의 발길이 끊이질 않았으니, 염라대왕은 외로울 새도 없었을 테고요. 염라대왕의 아늑한 처소는 지진이나 홍수마저 비켜갔다는군요.

지금은 O. W.와 같이 지내고 있어요. 며칠 전에는 점심을 만들어 주머니에 넣고 사원 근처의 폭포로 향했어요. 그 폭포는 아둔한 사람을 고쳐주는 곳으로 알려져 있죠. 근처에 이르자 영어로 '성 폭포Sexual Falls 방향'이라는 이상한 안내판이 걸려 있지 뭐예요. 깊은 계곡 아래로 내려가자 제법 높은 곳에서 물줄기가 가늘게 흐르고 있는 폭포가 보이더군요. 폭포 한쪽에는 소원을 비는 종이가 걸려 있었어요. 성지처럼 그곳을 찾는 사람들이 아주 많았어요.

잠시 뒤 두 여자가 찻집에서 나왔어요. 땅딸막하고 딱 벌어진 몸매의 한 여자는 단단한 근육질에 강인해 보이는 인상이었는데, 완벽한 방수복 차림이었어요. 심지어 머리에 모자까지 쓰고 있었죠. 맨발에 게다만 신고 있었고요. 나머지 한 여자는 상대적으로 젊고 힘도 약해 보였어요. 두 여자는 알아들을 수 없는 말을 지껄이는 남자아이 하나를 데리고 있었어요. 그 아이의 얼굴을 보니 어딘가 모자란 아이 같았어요. 두상도 이상했고요. 그 아이는 옷이라고는 무명으로 지은 기모노 한 벌만 달랑 걸치고 있었죠. 두 여자는 가파른 길로 아이를 데려갔어요. 그 일행을 보고 있자니 가슴이 아프고 우울했어요. 아이가 싫다는데도, 두 여자가 팔을 꽉 붙들고 억지로 아이를 데려가는 듯했거든요. 두 여자는 폭포 근처에 아이를 앉힌 뒤 마치 닭을 잡아매듯 아이의 양손을 무릎 아래로 묶었어요. 그리고 나서 두 여자는 아이의 팔꿈치 밑에 자신들의 팔을 끼워서 아이를 일으키려 했는데, 아이가 워낙 무겁기도 하거니와 협조할 생각이 전혀 없다 보니 좀체 뜻대로 되질 않았죠. 아이는 계속 뭐라고 중얼중얼댔고요. 대나무로 만든 관에서 물이 나오고 있었는데, 두 여자는 얼음장 같이 차가운 그 물 아래로 아이의 머리를 들이밀었어요. 두 여자에게 붙들린 채 아이는 익히 알려진 기도문을 몇 번이고 반복해서 읊조렸어요. 단 한 순간도 기도를 멈추지 않았죠. 아이의 얼굴이 파래지는가 싶더니 이내 보라색으로 변해 퉁퉁 부어올랐어요. 퉁퉁 붓고 잔뜩 골까지 난 바보 아이의 얼굴을 바라보며 그 끔찍한 기도를 듣고 있자니 정말 고역이었어요.

잠시 뒤 두 번째 바보 아이가 두 남자와 함께 나타났어요. 줄곧 달아날 궁리만 하는 사내아이를 두 남자가 붙들고 있었죠. 일본 구경꾼들은 다들 미소를 지으며 흥미롭게 이 광경을 바라보고 있었고요. 언니도 짐작하셨겠지만 저는 어리석게도 별것 아닌 일에 늘 신경이 곤두서는 사람이다 보니 더는 지켜볼 수가 없었어요. 저도 O. W.도 더는 볼 자신이 없어서 의식이 채 끝나기도 전에 자리를 떠났어요. 사람들의 발자국으로 다져진 구불구불한 길과 노송들, 청명하고 아름다운 햇살과 신록이 넘실대는 이 아름다운 봄날을 배경으로 이런 무지막지하고 미신적인 의식이 치러지다니 기분이 이상했어요.

도쿄에서 쓴 편지

다케오가 유럽에서 돌아왔는데, 영어는 도통 늘지를 않았네요. 아직도 버벅대기만 해요. 형이 없는 동안 가장 노릇은 막내 남동생이 맡았는데, 이 녀석이 아주 현명하게 처신을 잘했어요. 다케오네 여동생에 대해서는 말씀을 안 드린 것 같네요.

몇 해 전 다케오의 동생을 모델로 쓰면서 그 녀석더러 저를 상대로 영어 회화 연습을 해보라고 권한 적이 있는데, 예의 그 살갑고 어린아이 같은 태도로 다케오도 그 자리에 끼어들곤 했어요. 처음에는 묻고 답하는 게 고작이었는데, 하루는 제가 가족 이야기를 묻자 뜻밖에도 여동생이 있다고 하더군요. 저는 전혀 본 적이 없었거든요. 갓난아기 때부터 몸이 약해서 멀리 어촌으로 보내 키웠대요. 그러다 이 아이를 맡아서 기르던 사람들이 아이랑 정이 깊어졌고 결국 자기네 딸로 기르게 해달라고 사정을 했답니다. 다케오는 "우리 부모님은 신경도 안 썼어요!"라더군요. 다케오의 부모들은 사실상 딸을 포기한 것이었는데, 오빠들이 그 이야기를 할 당시에 여자아이의 나이는 얼추 열다섯이었어요. 제가 놀랄 때마다 두 녀석이 연신 키득대며 맥락을 끊어버리는 통에 이야기 전체를 끄집어내는 데 한참이 걸렸어요.

그 일이 제 관점에서는 이러저러하게 다가온다라는 걸 결국 두 아이에게 전달하긴 했지만, 그 녀석들은 "그 애는 난폭해요. 안 예뻐요"라며 낄낄대더군요. 다케오가 "그 아이는 무척 행복해요! 시골 남자랑 결혼해서 살 거예요"라고 말한 뒤 이번에도 또 두 녀석은 낄낄대며 웃었어요. 다케오의 남동생이 몇 차례 모델로 서는 동안 우리는 아주 많은 이야기를 나누었고, 그런 뒤에야 다케오는 큰오빠로서 자신의 감정을 깨닫게 됐어요. 다케오 같은 아이가 그런 책임감을 깨닫다니 정말 놀라운 일이었죠. 제 말에 깨달은 바가 컸던 다케오는 부모를 설득해서 여동생을 데리고 오게 했답니다. 다케오 말이라면 부모님은 뭐든지 하실 분들이거든요.

두 형제가 제게 아주 자랑스러워하면서 여동생을 보여주었어요. 아닌 게 아니라 그 여자애는 촌스럽고 예쁘지도 않았죠. 하지만 여자아이의 행동거지는 놀랄 만큼 빨리 도시 아이들처럼 바뀌었어요. 옷도 새로 지어 입히고 머리 모양도 최신 스타일로 바꾸었죠. 그러자 이전까지는 무관심하던 오빠들도 언제 그랬냐는 듯 여동생을 자랑스러워했어요. 둘째 오빠는 여동생의 남편감도 구해주었답니다! 결혼해서 행복하게 산 지가 꽤 됐는데, 결혼한 뒤로는 제가 관심이 없어지더라고요.

여행이 다케오에게 많은 영향을 미쳤지만, 다케오는 전통적인 일본 남자라 근본적으로는 전혀 변하질 않았어요. 동생은 이미 서양식으로 많이 바뀌었는데, 그렇다 하더라도 워낙 성품이 좋은 아이니 나쁜 방향으로 변하지는 않을 겁니다.

지난주에 한국에 다녀왔는데 아주 재미있는 일이 있었어요. 부산에서 어느 관리가 제게 여권을 보여달라더군요. 그래서 "전 한국에 여권을 가지고 들어온 적이 한 번도 없어요" 하고 말했죠.

이튿날 아침, 배가 나가사키에 도착하자 외투 차림에 면도도 안 하고 모자를 눌러쓴 사내 네 명이 몰래 절 힐끗거렸어요. 눈 밑까지 모자를 푹 눌러쓰고 있어서 꼭 영화 속 악당의 대역 배우 같았죠. 배에 외국인은 저까지 세 명뿐이라 저를 보고 씩 웃으며 지나가는 사람들이 많았어요. 그래서 그 사람들이 제게 와서 여권을 보자고 할 때도 전혀 놀라지 않았죠.

그중 제일 배우처럼 생긴 사내가 모자를 쓴 채 제게 물었어요. "여권은 어디 있습니까? 여권 없이 여행할 생각을 하다니요? 이게 얼마나 큰일인지 아십니까?" 급기야 그는 멜로드라마처럼 과장되게 화까지 내며 물었어요. "한국에서는 뭘 했습니까?"

저는 "한국에 들어올 때는 여권을 가져오지 않아요. 한국은 일본 제국에 속하지 않습니까?" 하고 답했죠. 이전에는 고관들의 명함이나 소개장을 늘 지니고 다니다가 문제가 있을 땐 그걸 보여주면 무사했는데, 이번에는 애써 뭘 챙겨오질 않았더라고요. 그래서 저를 취조하던 사람에게 그 이야기를 했죠. 그랬더니 그 사람은 무대에서처럼 낮게 귓속말로 "그런 말은 되도록 입 밖에 내지 마십시오!"라더군요.

첫 번째 사람의 질문이 끝나자마자 다른 사람이 똑같은 질문을 또 했어요. 처음에는 우습다 싶은 정도였지만 연락열차Boat-Train❶가 떠나는 걸 보자 짜증이 치밀었어요. 그래서 도쿄에 있는 영국 영사관에 전보나 전화를 넣어보라고 했죠. "도쿄에서는 저를 많이들 알아요"라고 했지만 전혀 들어먹질 않았어요. 그 말단 관리들 입장에서는 '월척'을 잡았다 싶어 좋아하고 있었죠. 영광스러운 승진의 순간이 눈앞에 펼쳐졌을 게 분명해요.

결국 저는 그 사람들에게 알려준 일본 고관이 제 신원을 확인해줄 때까지 호

---

❶ 항구까지 승객을 실어나르는 열차.

텔에 발이 묶이는 처지가 되고 말았어요.

그때 생각난 사람이 나가사키 영사로 있는 제 친구였어요. 다행히 영사관에 가는 건 허락을 해주더군요. 그런데 참 기가 막히게도 영사관에 도착하니 마침 그 영사가 그날 고베로 출장을 갔다지 뭐예요. 어찌나 난처하던지요.

그런데 다행히도 영국 신사나 진배없는 일본인 직원 하나가 영사관에 있더군요. 제가 사정 이야기를 하자 그 사람이 자기 모자를 손가락으로 탁 치며 "이런! 바보들 같으니라고! 제가 금방 해결해드리겠습니다"라고 하더군요. 그 사람이 인력거 두 대를 불렀고 우리는 서둘러 호텔로 향했어요. 호텔에서 영사관 직원이 그 '영화 속 등장인물 같은' 사내들을 영국 스타일로 호되게 나무라자 이내 사내들도 아무 소리를 못하게 됐죠. 그들이 꼬리를 내린 것을 보고서야 저는 적군에게 너무 수고를 끼쳐 미안하다고 다정한 목소리로 말했어요. 여권 없이 여행을 한 것은 내 잘못이니 십분 사과를 드린다고 했고, 소개장이나 고관의 명함으로 대체해왔다는 말도 다시 한 번 했어요. 우리는 돌아가며 악수를 하고 아주 사이좋게 헤어졌어요.

그런데 정말 재미있게도 그날 저녁에 식사를 하러 호텔 식당에 내려갔더니, 다름 아닌 Y 씨가 기차 시간을 기다리며 그곳에 앉아 있지 뭡니까. 제가 말한 그 고관 중 한 명이 바로 Y 씨였거든요! 제 이야기를 듣고 Y 씨가 한참을 웃었답니다.

우리가 예전에 만난 몇몇 친구들이 세상을 떠났어요. 식료품 가게에서 일을 배우던 청년을 기억하세요? 자기는 '가난하고 슬픈 소년'인데 '영어'를 좀 가르쳐줄 수 있겠느냐고, 그럼 '큰 도움'이 될 것 같다고 제게 편지를 쓴 청년이었죠. 그 청년이 죽었어요. 이제 고작 이십 대인데. 나이가 지긋하던 다나카 씨도 세상을 떠났어요. 그렇게 인내심 많고 일도 잘하는 분이 또 어디 있겠어요.

다나카 씨DANAKA SAN(THE JAPANESE DRESSMAKER) 1935 컬러 에칭 43.8×33.7 JIJ BLAND 소장

얇은 야회복을 맞추러 손님들이 올 때면, 맨살이 드러난 여인의 어깨 위로 옷감에 핀을 꽂느라 조심스레 발뒤꿈치를 들던 다나카 씨의 모습은 잊지 못할 장면으로 남아 있어요. 마룻바닥에 무릎을 꿇고 앉아 안경 너머로《보그VOGUE》나《웰던WELDON's》같은 잡지를 유심히 들여다보며, 서양 여자들의 변덕스러운 유행을 이해하려고 애쓰던 모습도 잊을 수가 없네요. 무언가 잘못되었을 때 다나카 씨가 보여

주던 망연자실한 눈빛을 기억하세요? 가봉 중인 손님들에게 살짝 기댄 자세로, 과하게 낙낙하다 싶은 부분을 손으로 잡고는 "스꼬시 모아주고", "스꼬시 집어넣고" 하며 사이즈를 맞추던 모습도요!

또 인내심은 얼마나 대단하던지요. 한번은 아침에 다나카 씨가 가봉을 하러 찾아왔기에 제가 잠깐 기다려달라고 말을 전했어요. 마침 서둘러 그림을 그려야 할 모델이 와 있던 터였는데, 제가 그만 그 연로한 재단사를 깜박하고 말았답니다. 저녁 때 보니 여태 다나카 씨가 부엌에서 녹차를 마시며 저를 기다리고 있더라고요. 제 편의를 봐주느라 종일 기다렸지 뭐예요!

다나카 씨가 마지막으로 저를 찾은 건, 수선비 청구서를 가지고 왔을 때였어요. 그는 단추 단 것 30센, 꿰맨 것 30센 하며 일본어로 된 그 긴 목록을 조목조목 신중하게 짚어나갔죠. 이런 비용에 대한 제 반응을 살피느라 다나카 씨는 안경 너머로 걱정하듯 저를 쳐다보았어요. 솜씨도 좋고 마무리도 완벽하게 해주시니 사실 얼마를 주어도 아깝지 않다는 말을 굳이 하지는 않았어요. 그래도 어수룩한 사람은 아니라 절대 깎아주는 법은 없었고, 간혹 '스꼬시' 이상한 가격도 있긴 했어요.

그 노인이 아프다는 말을 듣고 병문안을 갔어요. 고통을 참으며 절도있는 자세로 이부자리에 누워 있었는데, 그는 죽어가고 있었어요. 좀 어떠시냐고 묻자 부드러운 목소리로 "스꼬시 피곤합니다"라고만 하더군요.

호놀룰루에서 쓴 편지

방금 호놀룰루를 떠났어요. 호놀룰루에서는 너무 바보스러울 만큼 즐겁게 지낸 터라 부끄러운 생각마저 드네요. 어느 영국 여자가 호놀룰루를 '진주, 무지개, 장미 그리고 별'이라고 묘사한 적이 있는데, 제 기분이 꼭 그랬어요. 그러니 그 여자

엘리자베스 키스의 노能, 교겐狂言을 시리즈 | 〈하고로모 모羽衣에 출연한 시기야마茂山 SHIGIYAMA IN HAGOROMO 1936 채색 목판화 27.6×40.6

207

____ 〈오키나翁〉에 나오는 곤고 노학교金剛能楽会 Kongo in Okina, Japan 1936 채색 목판화 43.8×31.1
JIJ Bland 소장

가 꽤 맞는 말을 한 셈이죠. 호놀룰루는 빼어나게 아름다운 곳이고 사람들도 참 친
절해요.

저는 케이티와 다정한 윌리엄◉과 함께 호놀룰루에 머물렀는데, 그들은 호놀

◉ 영국 출신의 유명한 화가 윌리엄 바틀릿William Bartlett 씨로, 아름다운 그의 작품은 극동과 아
메리카 지역에 널리 알려져 있다.

초록색 의상의 시기야마茂山 Shigiyama in Green Dress 1936 채색 목판화 32.4×44.1

룰루라는 장소와 기후에 꼭 맞는 사람들을 친구로 두고 있었어요. 친구 분들도 다들 제 작품을 잘 알고 있어서 마치 오랜 친구들 사이에 있는 듯한 기분이었어요.

호놀룰루 전시회는 이제껏 제 전시회 중에 가장 화기애애한 분위기였어요. 작품을 보러온 극동 지역 사람들로서는, 같은 인종의 사람들이 등장하는 그림을 현지에서 보는 것이 처음이었다는 점도 작품에 대한 흥미를 불러일으킨 요인이 아니었나 싶어요. 호놀룰루에서 태어나 살며 한 번도 모국 땅을 밟아보지 못한 일본인, 중국인, 한국인, 필리핀인도 왔었어요. 그래서 집 안을 배경으로 그린 작품은 두 배로 인기가 있었답니다.

매력적이고 교양 넘치는 쿡 부인은 호놀룰루 미술관을 설립하신 분으로, 동양의 보물이 포함된 집안 소장품들을 모두 미술관에 기증했어요. 그 미술관에서 제 판화도 작품당 한 장씩 모두 샀고요. 윌슨 여사와, 선장인 그녀의 남편도 그곳에서 만났어요. 일본에서부터 알던 옛 친구를 만나니 반가웠어요.

콕스 여사는 쿡 부인의 일을 도와주는 아주 능력 있는 분이신데, 저도 모르게 학교 아이들아이들은 서로 다른 네 나라 출신이었어요.을 전시회에 데려와서 그림 설명을 해 주셨더라고요. 그 후에 콕스 여사는 아이들에게 감상문을 써오도록 했죠. 제일 잘 쓴 아이는 일본 여학생이었어요. 우수상을 거머쥔 이 여학생은 놀랍게도 신조어를 만들어냈어요. 그 아이가 '일본 피스티벌'이라는 작품은 정말 대단했다고 썼더래요.

역시 일본인인 어느 남학생의 뛰어난 감상문에도 인상적인 부분이 등장해요. "그림을 보았을 때 내 머릿속에 떠오른 생각은, 내가 정말 살아 있는 걸까, 아니면 요정의 나라에 와 있는 걸까였다. 나에게도 그림을 잘 그리는 재주가 있다면 얼마나 좋을까? 그렇다면 참 의미 있는 인생을 살 수 있을 텐데." 어리지만 생각이 깊은 아이들이죠.

하와이의 매력에 끌려 여기에 온 사람들이 왜 이곳을 떠나지 못하는지 저도 이해가 된답니다. 꽃들은 늘 풍성하게 꽃잎을 틔우고 있고, 언덕 너머로 늘 무지개가 드리워져 있죠. 하와이 방문은 아주 즐거운 휴식이었어요.

저는 이제 다른 일을 보러 미국으로 떠납니다!

엘리자베스 키스의 삶과 그림 : 한국을 중심으로

송영달

한국에 관한 서양의 고서들을 찾아다니다가 우연히 엘리자베스 키스 Elizabeth Keith라는 영국의 여류 화가를 만나게 되었다. 그 뒤로 그녀의 그림을 수집하며 삶을 추적한 지 어느새 20여 년이 되어 간다. 그녀의 생애와 작품 세계에 대하여 현재까지 알게 된 사실들을 한국 독자들과 나눌 수 있는 기회를 갖게 된 지금, 가장 먼저 머리에 떠오르는 생각은 어느 유행가 가사처럼 우리 만남은 우연이 아니었다는 것이다. 엘리자베스 키스와의 우연한 만남은 운명적인 인연을 낳았고, 그 인연은 또 다른 만남을 만들어 다시 새로운 관계로 이어지는 필연을 낳았다. 그녀는 미술 기법이든, 색다른 문화든, 처음 가보는 곳이든 간에 끊임없이 새로운 세계를 찾아다니며 경험했고, 타고난 소질을 살려 그림으로 그 흔적을 남겼다. 그 덕에 엘리자베스 키스가 세상을 떠난 지 반세기가 넘는 지금까지도 많은 사람들이 그녀를 잊지 못하고 그녀의 작품을 소중히 여기는 것이 아닐까 한다.

신비의 구름 속에 둘러싸인 머나먼 동양을 찾아 독신 여성의 몸으로 런던을 떠나는 배에 올랐을 때, 키스 자신은 물론 그 어느 누구도 그녀가 일평생 동양을 소재로 그림을 그리게 되리라고 예상치 못했다. 흑백 스케치로 시작해 수채화를 그리고, 급기야는 판화가로서 명성을 떨치며 귀한 미술 작품들을 남기게 될 줄도 몰랐다. 더구나 서양에 막 문을 연, 그 이름마저 생소한 나라 '코리아'와 깊은 인연을 맺게 된 것은 예상 밖의 일이었다. 5년간의 일본 생활을 접고 영국으로 귀국하기 직전, 일본의 식민지가 된 한국에 한번 가 볼까 해서 들렀다가 맺은 인연은 수많은 작품들을 만들어냈다. 한국과의 만남으로 그녀는 화가로서 성장하였고, 그 결과 우리는 다른 어느 화가의 화폭에서도 보지 못한 우리의 옛 모습을 그녀의 그림에서 보고 감사할 수 있게 되었다. 이에 '엘리자베스 키스와 한국은 서로에게 특별한 관계이다'라는 믿음을 바탕으로 그녀의 삶과 작품 세계, 그리고 한국과의 관계를 간략히 적고자 한다.

엘리자베스 키스의 가족들

'은둔의 나라'라는 별명이 붙을 만큼 동아시아의 작은 반도에 꼭꼭 숨어 살던 조선이 밀려오는 대세를 더는 막지 못하고 서양 국가 중 미국과 처음으로 통상조약을 맺고 개국한 것이, 1880년대의 일이었다. 그 무렵 엘리자베스 키스는 스코틀랜드 북쪽의 맥더프MacDuff라는 작은 항구 도시에서 태어났다. 그녀의 아버지는 지금으로 따지자면 공무원으로 세관장까지 지내며 비교적 안정된 생활 속에서 아홉 남매를 착실히 키워낸 가장이었다. 키스는 딸들 중 막내였고 아래로 네 명의 남동생이 있었다. 키스의 가족은 그녀가 태어난 지 얼마 안 돼 아일랜드로 이사를 갔다가 그녀가 아홉 살 되던 해에 다시 영국의 수도 런던으로 거처를 옮겼다. 그릴 만한 소재를 찾아 홀로 동양의 이곳저곳을 방랑하던 시절을 빼면 그녀는 줄곧 영국에서 살았다. 착실히 교육을 받아 폭넓은 교양을 갖춘 남동생들은 각각 진취적인 전문 작가, 화가, 고전 연극 전문가가 되어 문화재를 수집하고, 자선 사업도 하면서 모범적이고 화목한 동기간을 유지했다. 언니들 또한 당시 빅토리아 시대가 보수적 분위기였음에도 여느 남자와 비교해도 손색이 없을 만큼 진취적이고 독립적인 길을 걸은 현대 여성들이었다.

9남매 중 한 명의 남동생만 자식을 남겼고, 나머지는 전쟁이나 병으로 일찍 죽었거나 결혼을 했어도 자식이 없었으며 키스도 독신이었다. 유일하게 자식이 있었던 남동생 윌리엄 그랜드William Grand의 자녀 셋은 2012년 현재 일흔이 넘은 노인들로 캐나다에 살고 있는데, 고모인 엘리자베스 키스에 대해서는 하나같이 아는 것이 없다고 고백한다. 남동생네가 캐나다로 이민을 가면서 만날 기회가 없었을 테고, 고모와 조카로서 서로의 존재만 알고 있을 뿐 그 이상의 자세한 사정은 알지 못하는 것이 당연하다 하겠다.

키스는 수많은 편지를 주고받으며 개인적으로 또는 사업적으로 친분을 유지하였지만 남아 있는 편지가 거의 없고 그녀를 직접 알던 사람들은 이미 세상을 떠난 탓에, 유감스럽지만 그녀의 개인적인 삶을 더 자세히 연구하기에는 어려움이 있다. 소장 경로를 명확히 밝히지는 않았지만 엘리자베스 키스의 그림을 가장 많이 가지고 있는 그녀의 질녀가 현재 캐나다에 살고 있는데, 이 조카도 키스가 찍힌 가족사진을 단 한 장도 갖고 있지 않은 듯했다. 그 조카의 집을 방문하였을 때, '사랑하는 조카에게 보낸다'라는 글과 서명이 들어간 키스의 책《웃고 넘깁시다Grin and Bear It》를 보여 준 것이 고작이었다. 이 조카 아나벨 베레티Annabel Berretti가 소장하고 있는 키스의 작품들 중 한국을 소재로 한 수채화 여러 점을 이 책에 처음으로 소개하였다. 사진을 찍어 책에 실을 수 있게 허락해준 베레티 여사에게 감사한 마음을 전한다.

여류 화가 미스 엘리자베스 키스

키스는 어린 시절에 높은 자리에 있던 아버지 덕분에 먹고사는 걱정 없이 자랐지만, 성인이 되어 화가의 길을 걷기 시작한 뒤로는 경제적으로 풍족한 삶을 살지 못했다. 지금도 그렇지만 남성 화가라도 생전에 자기 작품의 진가를 인정받고 그림을 팔아 여유 있게 살기란 어려운 일이다. 더군다나 대부분의 여성들이 전문적 직업을 가지지 못한 20세기 초에 여류 화가로서 경제적으로 여유 있게 살기는 쉽지 않았다. 그녀는 평생 자기 이름으로 된 집이나 남들처럼 작업 환경이 좋은 화실을 가져본 적이 없었다. 본인의 말대로 그녀는 정해진 주소 없이 떠도는 '방랑 화가'였으며, 재산이라고는 스스로 나서서 부지런히 개발하고 유지한 친구 및 후원자 네트워크를 통해 들어오는 온정 어린 후원뿐이었다. 그러면서도 그녀는 자존심을 잃고 격조 없는 발언을 하거나 그런 행동을 하지 않았다. 번듯한 화실 하나 없는 런던 생활을 한탄하다가도, 동양의 여러 나라를 방문하며 그림을 그리던 때의 그 덥고 춥고 더럽고 협소하고 훨씬 더 열악하던 작업 환경을 떠올리며 다시금 용기를 얻던 그녀였다. 아무리 어려운 일이 닥쳐도 웃음으로 넘길 수 있는, 유머가 넘치는 여인이었다.

키스는 다른 화가들처럼 정식으로 미술대학에 다니거나 어려서부터 대가에게 가르침을 받은 적이 없었다. 일본에 와서 목판화 작품을 만들게 되었고 동양을 소재로 많은 작품을 남긴 서양 화가 헬렌 하이드Helen Hyde, 버사 럼Bertha Lum, 릴리안 밀러Lilian Miller 등은 일찍이 정식으로 미술교육을 받아 화가의 길로 들어섰다. 하지만 키스는 그림에 천부적인 재능을 가지고 있었고, 스스로 자랑스럽게 말하듯 거의 독학으로 그림을 배웠다. 그 훌륭한 작품들은 그녀의 억제할 수 없는 창작욕과 완성을 향한 부단한 노력이 낳은 결과물이었다. 서양에서 주종을 이룬 유화 대신 수채화를 택한 이유는 언니 레이첼Rachel의 남편인 밴 앤루이A. van Anrooy가 네덜란드 출신의 유명한 수채화가였기 때문이라고 볼 수도 있지만, 그녀의 화법 자체에 영향을 미칠 정도로 강력한 것은 아니었다. 그녀는 수채화, 목판화, 에칭, 유화 등의 기법을 기회가 닿는 대로 이 사람 저 사람에게 배워가며 화가로 성장했지만, 그녀의 그림에서 확인할 수 있듯이 키스의 작품은 독자적이고 창의적인 모색의 결과였다. 키스는 어떤 미술 계보에 속한다고 보기 어려우며, 다만 판화가, 그중에서도 목판화가이자 20세기 초 동양을 소재로 한 그림을 그린 화가라고밖에 분류할 수 없다.

또한 남성 위주의 미술계에서 프리다 칼로Frida Kahlo나 카미유 클로델Camille Claudel과 같은 여류 화가들처럼 대가와의 사랑을 후광삼아 성장한 것도 아니었다. 신문이나 잡지에서 그녀는 항상 '미스 엘리자베스 키스Miss Elizabeth Keith'로 불렸고, 주위에서 만났을 법한 남성 화가와 이성적으로 교제를 했다는 흔적은 전혀 찾아볼 수 없다. 그녀는 여성의 사회 활동이 제한되었던 당시에 여러 여성들과 폭넓게 교제하며 화가로서의 성공에 도움을 받았지만, 그녀에 대해 가장 긴 글을 남긴 리처드 마일스Richard Miles가 암시하듯이 동성애자는 아니었다. 키스가 살아 있을 때부터 애정을 가지고 그녀의 작품을 수집하다가 훗날 그것들을 미술관에 기증해서 오늘날 우리에게 귀중한 유산을 남겨준 사람들이 꽤 많은데, 그중에서 특히 중요한 역할을 한 쿡 여사Anna Rice Cooke, 워너 여사Gertrude Warner, 니콜슨 여사Grace Nicholson는 모두 결혼 뒤에도 활발히 사회활동을 펼친 여성 리더들이었다. 쿡 여사는 후에 호놀룰루 미술관Honolulu Academy of Arts을 창설해 키스의 작품을 모두 기증하였고, 워너 여사는 조던 슈니처 미술관Jordan Schnitzer Museum of Art의 전신인 오레곤 대학 박물관 관장에 올라 본인이 수집한 키스의 작품과 편지 모두를 박물관에 기증함으로써 오늘날에까지 키스 연구에 가장 귀중한 자료를 제공하고 있다. 동양 미술에 매료된 니콜슨 여사는 퍼시픽 아시아 미술관Pacific Asia Museum을 설립하고, 1928년에 미국에서 키스 전시회를 개최하여 그녀의 작품을 널리 소개하였다.

키스, 코리아와 사랑에 빠지다

엘리자베스 키스는 출중한 그림 실력으로 일찍부터 이것저것 자기가 좋아하는 것들을 부지런히 그렸다. 그렇지만 남에게 작품을 보여준 경우는, 사촌이자 유명한 인류학자인 아서 키스Arthur Keith 경의 책 표지를 만들어준 것이 전부였다. 독신으로 있던 그녀에게 일탈의 기회가 찾아온 것은, 연구와 사업을 위해 남편 존 로버트슨 스콧John Robertson Scott과 함께 일본에 가 있던 큰언니 엘스펫Elspet이 키스를 일본으로 초청하면서였다. 그때가 1915년 봄이었다. 당시 동양은 아직 서양의 일반인에게 잘 알려지지 않은 미지의 세계였지만, 미술계에서는 자포니즘Japonism이 강하게 휩쓸던 시기였다. 새로운 것을 갈망하던 젊은 화가들에게 일본의 우키요에浮世畵 목판화가 소개되었고, 우리도 잘 아는 반 고흐, 고갱, 드가, 로트레크 등의 젊은 화가들이 일본의 그림 그 자체를 넘어 일본 옷을 입는다거나 엽차를 마시는 정도로까지 일본풍이 불었다. 그녀가 미술계의 풍조를 어느 정도 감지하고 있었는지는 알 길이 없지만, 동양이라는 지구 저편 끝은 신비로운 미지의 세계였고 모험과 여행을 좋아하는 그녀에게 일본 여행은 뜻하지 않은 행운이었다. 호기심을 충족해보려는 차원에서 단순히 두어 달 정도 머물 생각으로 방문한 일본에서 키스는 굉장한 매력을 느꼈다. 본인이 말했듯이 고유의 문화를 가진 나라이니 재미가 있겠다고는 기대했지만, 일본의 미술과 색채가 그토록 강렬하게 다가올 줄은 미처 몰랐던 것이다. 그녀는 당시로서 아마 적지 않은 값을 치렀을 귀국선 표를 팔고 일본에 무기한 체류하기로 하였다. 그리고 대도시는 물론, 기회가 닿는 대로 일본 도처를 여행하며 흥미로운 것은 무엇이든 다 스케치하고 다녔다.

이때 그녀의 그림 실력은 타고난 소질과 부단한 연습의 결과로 이미 어느 정도 수준에 올라 있었다. 당시 우호국이던 일본의 이모저모를 영국인들에게 알려주고자 《타임즈The Times》에서 간혹 일본 증보판을 내곤 했는데, 여기에 언니 엘스펫은 글을 써서 보냈고 키스는 펜과 잉크로 일본의 이런저런 생활상을 그린 삽화를 보내 돈을 벌기도 했다. 하지만 당시의 삽화 몇 점으로 그녀가 본격적인 화가의 길에 들어섰다고 보기는 힘들다. 그러던 중 도쿄에 있던 적십자가 모금에 어려움을 겪는 일이 있었다. 제1차 세계대전 중이라 모금이 쉽지 않았던 것이다. 그때 형부 존 로버트슨 스콧이 무작정 기부하라는 것보다는 유명 인사들의 초상화를 해학적으로 그려 팔면 어떻겠냐는 아이디어를 냈다. 이 모금 운동에 동참하기로 한 키스는 서양인은 물론 일본의 유명 인사 여러 명에게 본인의 사진을 보내달라고 요청했다. 답을 하지 않은 사람도 있었지만 62명의 유명 인사가 사진을 보내왔다. 그녀는 이 사진을 가지고 사진을 보내온 순서대로 해학적인 모습의 캐리커처를 그렸다.

지체 높고 점잖은 귀족 고관들을 우스꽝스러운 옷차림새나 갖가지 동물 형상 또는 특유의 표정으로 묘사하여 만화 같은 초상화를 그렸고, 이 그림을 모아 작은 책자로도 출판하였다. 캐리커처는 본인들이 적극적으로 사주었고 《웃고 넘깁시다》라는 제목의 책자도 인기리에 매진되어 적십자의 모금은 대성공을 거두었다. 그녀의 캐리커처는 개인의 특징을 명쾌하면서도 해학적으로 표현해서 보는 사람들로 하여금 무릎을 치고 웃게 만드는 그림들이었다. 물론 유머가 부족한 이들은 창피해하며 자기 그림을 사서 찢어버렸을지도 모르지만 말이다. 그 후부터 엘리자베스 키스는 일본 내 서양인 사회에서 '그림 잘 그리는 여자'로 통하기 시작했다.

언니 내외가 영국으로 돌아갈 준비를 하던 무렵, 엘스펫과 엘리자베스 키스는 아직 한 번도 가보지 못한 한국을 여행하기로 했다. 그때가 1919년 3월 28일로, 삼일 운동의 여파에 시달리며 일본의 무자비한 식민지 탄압으로 한반도에서 수많은 사람들이 감옥에서 고문당하고 죽어가던 시기였다. 한국의 현실에 대해 사전 지식이 별로 없던 키스 자매는, 대부분의 서양인들과 마찬가지로 일본의 신속한 서양화에 감탄하며 폐쇄적인 한국에 대해서는 회의적이고 부정적인 태도를 견지한 채, 간간히 들려오는 일본의 잔악한 식민 통치는 과장된 이야기이거나 오보일 것이라 여기고 있었다. 한국 문화는 보잘것없을 테고, 한국인은 일본인보다 훨씬 뒤쳐졌고 게으르며 자치 능력도 없는 중국 변방의 소수 집단 정도일 것이라 생각했다. 세계 열강이 약소국을 식민지로 삼는 것이 하등 이상할 게 없는 시기였다. 강대국의 식민지 정책은 오히려 '백인들이 지고 가야 하는 책임White man's burden'이며, 미개한 아프리카나 동양은 이러한 서구 문명을 고맙게 받아들여야 한다고 여길 정도로 백인 문화 우월주의가 팽배하던 시절이었다.

서울행 열차에 몸을 싣고 차창 밖을 내다보던 그녀는 솟구쳐오르는 창작욕을 느꼈다. 나무가 많지 않은 산은 붉은색이었지만 들에는 봄이 시작되면서 파릇파릇 풀들이 돋아나기 시작한 터였고, 몸뚱이가 보이지 않을 정도로 나뭇짐을 잔뜩 실은 황소를 천천히 몰며 점잖게 황톳길을 걸어가는 하얀 옷의 촌부들은 그녀에게 깊은 인상을 남겼다. 훗날 그녀의 말에 따르면 한국에 올 때 막연하게나마 아이들을 위한 책을 만들자는 생각이 있었다고 한다. 그러나 새로운 창작욕에 불타기 시작한 키스는 서울에 도착한 뒤 매일 아침 일찍 일어나 화구를 챙겨 들고 그림을 그리러 나갔고, 그야말로 본격적인 화가가 되었다. 당시는 서울 인구가 30만 명 남짓이던 때로, 서양인을 포함한 외국인의 수가 아주 적어서 이들끼리는 서로 국적이나 직업을 막론하고 쉽게 알고 지내면서 하나의 작은 공동체를 이뤄 생활하고 있었다. 키스도 이들과 친교를 나누며 정보를 주고받았는데, 우연한 기회에 제임스 게일James Gale 박사를 만난 것은 그녀의 생애에 또 한 번 중요한 전환점이 되었다.

게일 박사는 개화기부터 한국에 머물면서 누구보다 한국 문화를 깊이 연구하고 사랑하며 여러 권의 책을 집필한 사람이었다. 그는《성경》을 한국어로 번역하는 데 일조했을 뿐 아니라, 1896년부터 1897년 사이에 《한영사전》을 만들었다. 이 《한영사전》은 한국인이 사용하던 단어를 최초로 가장 많이 정리해서 수록한 사전이었다. 또한 김만중의 《구운몽》도 영어로 번역해 출판하였는데, 그 책에 엘스펫이 저자 소개 겸 서문을 쓰기도 하였다. 일본에서 무려 5년을 살면서도 한국에 대해서는 잘 알지 못했던 키스 자매가 이런 '한국 전문가'를 만나서 일본과 또 다른 한국의 문화, 전통, 역사 등을 알게 된 것이다. 그뿐 아니라 게일 박사를 통해 각계각층의 사람들을 만나고 그들의 초상화를 그릴 수 있었던 만큼, 서양 화가로서 최고의 한국 사회 길잡이를 만난 셈이다. 그녀는 생활하기에는 깨끗한 일본이 좋을지 몰라도 "그림을 그리기 위해서 나는 한국으로 가야 한다"라고 여러 차례 말하였는데, 한국을 사랑해서이기도 했겠지만 한국에서는 게일 박사 등 여러 서양인 선교사를 통해 모델을 구하기가 쉬웠기 때문이기도 했다. 그녀가 그린 중국 그림의 대다수가 자금성이나 절 등 관광지인 점으로 미루어보건대, 중국에서는 한국에서처럼 사회적인 접촉이 많은 안내자를 만나지 못했다고 추측할 수 있다. 미술 학자인 헬렌 메릿Helen Merritt이 지적한 대로 키스는 한국을 '정신적인 고향'으로 여기게 되었으며, 편지에서도 한국을 '나의 사랑하는 나라My beloved Korea'라고 쓰고 있다.

키스가 한국을 방문했던 당시는 선교사들이 병원을 열고 의술을 베푸는 동시에 이화학당, 배재학당 등의 교육기관을 설립 및 운영하며 선교 활동을 펼쳐나가던 시기였다. 맨손으로 평화와 독립을 요구하다 무참히 희생된 사람들의 이야기를, 선교사들이 소개해준 많은 학생들과 교인들로부터 직접 듣는 과정에서 키스 자매는 일본 군부의 무자비함을 확인하였다. 교인들을 교회에 모아둔 채 밖에서 문을 잠그고 불을 질러 뛰쳐나오는 한국인을 사살하다니! 그런 만행을 철면피처럼 부인하는 일본 관리들이란! 일본 헌병과 경찰의 포악한 야만성은 일본 미술에 매료되어 있던 그녀에게

과부THE WIDOW 수채화

충격적인 깨달음을 주었다. 그녀는 짐꾼 겸 안내인으로 일하던 한국 청년
이 독립운동에 참여하며 〈독립선언서〉를 몸에 감추고 다녔다는 사실을 나
중에 알게 되기도 했다. 모델을 서준 한 여인은 독립운동에 가담한 남편을
일본에 잃고 아들마저 행방불명으로 연락이 두절된 채, 본인도 일본 경찰
에게 고문을 당해 몸에 난 상처가 채 아물지도 않은 과부였다.ᴩ.221 김윤식
ᴩ.28은 1910년 한일 합병 당시 일본에 동조해 지탄을 받았지만, 삼일 운동
을 목격한 뒤 용기를 내어 일본 총독에게 〈독립청원서〉를 제출한 한국 최고
의 귀족이었다. 그녀는 누구보다 적극적으로 일본의 무자비한 탄압에 분개
하던 캐나다 선교사 석호필SCHOFIELD도 잘 알고 있었다. 그 후 그녀는 일본의

해 뜰 무렵의 동대문East gate, Seoul, Sunrise 1921 채색 목판화 43.8×30.5 HAA 소장

미술과 일반인들은 사랑하지만, 식민지 확대를 위해 침략과 탄압, 약탈을 자행하는 군부주의자 들을 구분해서 규탄과 경멸을 주저하지 않았으며, "고생하는 이런 용감한 사람들을 더 그리고 싶어졌다"라고 말하기도 했다.

키스가 체류한 곳은 감리교 의료 선교사의 사택으로 선교사들이 운영하던 부인병원에 붙어 있었다. 그녀가 서울에 온 때가 3월 말이었으므로, 한국에서 처음 그린 그림은 다섯 살짜리 한국 남자아이가 때때옷을 입고 있는 〈4월 초파일Buddha's Birthday(Korean Boy in Holiday Dress)〉p.6이란 그림이 아닐까 싶다. 모델이 된 사내아이는 영국 영사관원이 소개했는데, 이 아이는 영사관을 드나들며 《성경》 공부를 하던 사람의 아들이었다. 선교사들이 운영하던 부인병원은 한국 최초의 여성 전문 병원으로, 현재 이화여대 부속병원이 있는 자리에 있었다. 묵고 있던 집에서 동대문이 쉽게 내려다 보였으므로 〈달빛 아래 서울의 동대문Moonliht at East Gate, Seoul〉p.226이나 〈해 뜰 무렵의 동대문East Gate, Seoul, Sunrise〉p.222도 그리게 되었다. 뒤에 다시

서당 풍경THE SCHOOL-OLD STYLE 수채화

나오겠지만 〈달빛 아래 서울의 동대문〉은 그녀를 전문 화가로 등단시킨 의미 있는 작품이다. 이곳에서 알게 된 로제타 홀ROSETTA HALL 여사는 맹인들이 사용할 수 있는 점자를 개발하고 한국 최초로 여자 의과 대학을 창설하였다. 홀 여사의 아들 셔우드 홀SHERWOOD HALL 역시 미국에서 의대를 졸업하고 다시 한국으로 와서 해주에서 한국 최초의 결핵 요양소를 설립한 헌신적인 사람이었다. 키스는 이 모자와 친하게 지내며 이후 한국을 찾을 때마다 홀 여사의 집에 묵기도 했다.

키스는 유명한 명승고적이나 경치를 화폭에 담기도 했지만, 무엇보다 그녀의 관심을 끈 것은 여러 계층의 사람들과 그들이 살아가는 모습이었다. 종묘제례를 참관하다가 국악원장을 비롯한 〈궁중 음악가COURT MUSICIAN, KOREA〉P.52를 그리기도 했고, 금강산을 찾아가서 구룡폭포를 보면서 전설 속의 부처들이 하강하는 모습을 그리기도 했다. 원산에서는 흥겨움이 물씬 배어나는 〈시골 결혼 잔치COUNTRY WEDDING FEAST〉P.33를, 서울에서는 가마를

민 씨 가문의 **규수**A Daughter of the House of Min 1938 컬러 에칭 23.8×37.1

타고 신랑 집으로 향하는 〈신부 행차Marriage Procession, Seoul〉p.32를 그렸으며, "하늘 천, 따 지" 하며 목청껏 외우는 서당 학생들의 모습을 그리기도 하였다.p.223 최초의 프랑스 공사였던 민영찬閔泳瓚의 집에 초대를 받아 그의 인품을 높이 평가하고 그의 딸을 모델 삼아 〈민 씨 가문의 규수Daughter of the House of Min〉를 그리기도 하였다.p.224 그녀가 그림 그리기에 열중하는 사이 어느새 석 달의 시간이 흘러 언니 엘스펫이 일본을 거쳐 영국으로 귀국하게 되었다. 키스는 한국을 떠나고 싶지 않았으므로 홀로 한국에 남아

가을까지 머물며 그림 그리기를 계속하였다.

제2차 세계대전이 끝난 직후인 1946년, 키스 자매는 1919년의 한국 방문기를 공저로 집필하여 출간하였다. 이 책에서 키스 자매는 이전에는 드러내지 못하던 일본의 무자비한 식민지 탄압을 거침없이 비판하고, 억압받는 한국인에 대한 무한한 동정을 표현하기도 했다. 이 책에서 키스는 본문에 소개된 한국 그림 50점과 그것에 대한 설명을 맡았고, 엘스펫은 여행기를 썼다. 이 책의 제목이 《올드 코리아: 조용한 아침의 나라Old Korea: the Land of Morning Calm》로 2006년에 한국어로 번역하여 도서출판 책과함께에서 출판하였는데, 이 책을 통해 한국의 대중에게 엘리자베스 키스가 처음으로 소개되었다. 한국어판 제목은《영국화가 엘리자베스 키스의 코리아, 1920~1940》으로, 이 책에는 원서에 실린 한국 그림뿐 아니라 키스가 그린 다수의 목판화, 에칭, 수채화 작품도 처음 실은 만큼 단순한 번역서 이상의 책이라 하겠다.

목판화와의 만남, 전문 화가로의 길을 걷기 시작하다

도쿄로 돌아간 엘리자베스 키스는 1919년 가을, 피어스 클럽의 후원으로 한국에서 그린 인물화와 풍경화를 미츠코시三越 백화점에서 전시하게 되었다. 이 전시회는 그녀가 밝힌 대로 한반도 밖에서 한국을 소재로 연 최초의 전시회라는 점에서 미술사적 의미가 있었다. 또한 이 전시회는 그녀가 목판화의 대가로 발을 내딛는 데 크게 이바지하였다. 17세기부터 발달해서 서양에서는 일본 미술을 대표하는 것으로 알려진 우키요에가 19세기 후반부터 쇠락의 길로 접어들어 20세기 초에는 존재 자체가 위태로워진 상황이었다. 화풍의 변화뿐만 아니라 카메라가 등장하고 출판 기술이 발전하면서 재래식 우키요에는 인기가 시들고 상품성도 없어진 탓이었다.

달빛 아래 서울의 동대문Moonlight at East gate, Seoul 1920 채색 목판화 43×39.7

　　그때 목판화를 다시 소생시키려는 신판화新版畵 운동에 앞장선 와타나
베 쇼자부로渡邊庄三郎가 이 전시회에 참관하러 갔다가 엘리자베스 키스를
만나게 되었다. 와타나베는 우키요에와 다른 방식의 목판화를 만들면 서양
사람들에게 인기가 있을 것이라 생각하고 서양 화가들을 눈여겨보던 참이
었다. 〈달빛 아래 서울의 동대문〉을 본 와타나베는 서툰 영어로 키스에게
그 그림을 목판화로 만들면 크게 성공할 것이라며 목판화 제작을 권했다.
푸른색의 교교한 달빛 아래 웅장한 모습으로 서 있는 동대문은 서울을 대
표하는 그림으로 부족함이 없다. 구도적으로도 완벽한 작품이고, 동대문
뒤로 보이는 자그마한 집들 중에 방금 불을 켠 방 안에서는 두 사람이 마주
앉아 이야기를 나누는 듯한 인간적인 모습이 담겨 있다. 성 밖으로 나갔다
뒤늦게 귀가 중인 듯한 하얀 바지저고리 차림의 남자가 짐을 실은 말의 고
삐를 잡고 있는 모습은, 당시 한국인들의 생활상을 있는 그대로 소박하게
표현하고 있다. 이 채색 목판화는 인기리에 금세 매진되었고, 그때부터 키

스와 와타나베는 평생을 함께하는 동업자가 되었다. 우리가 지금 엘리자베스 키스라고 하면 목판화를 떠올리는 것은 수채화를 주로 그리던 그녀가 이 전시회를 계기로 와타나베를 만난 결과이다. 이 만남이 우리에게 얼마나 다행한 일인지는 뒤에서 다시 언급하기로 하겠다. 이 예기치 않은 만남은 와타나베에게는 목판화의 전통을 신판화라는 개념으로 되살리는 기회가 되었고, 키스에게도 전문적 판화 미술가의 길로 들어서는 계기가 되었다.

1921년 6월에 도쿄 시로기야白木屋 백화점 화랑에서 와타나베가 주최하는 신판화 작품 전시회가 열렸다. 이 전시회에는 신판화 운동에 앞장서서 20세기 일본 미술계의 대가로 인정받은 가와세 하수이川瀨巴水, 이토 신수이伊東深水, 찰스 바틀릿Charles Bartlett과 함께 엘리자베스 키스의 목판화가 전시되었다. 하수이는 풍경화계의 일인자로, 1939년에 한국을 방문해서 불국사, 낙화암, 화홍문 등 한국의 명승지를 그린 작품 10여 점을 남기기도 하였다. 찰스 바틀릿은 후에 다시 언급하겠지만 키스와 특히 친하게 지낸 인물로, 키스보다 조금 일찍 일본에 도착해 판화를 시작한 사람이다. 신수이는 우키요에의 전통을 계승하였으며 미인도에 뛰어나 여러 미인을 판화로 그렸다. 특히 중요한 것이 1922년 작품인 〈엘리자베스 키스의 초상화Portrait of Miss Elizabeth Keith, Artist〉인데 이 책의 표지에 사용된 그림이다. 이 그림에서 우리는 주홍색으로 장식된 모자를 쓰고, 무릎 위에 단정하고 가지런히 두 손을 모은 채 방석 위에 앉은 푸른 눈의 엘리자베스 키스를 만날 수 있다. 어디에도 비할 바 없이 귀중한 엘리자베스 키스의 이 초상화는 당시 그녀가 일본 화가들과도 교제하고 지냈음을 보여준다. 이 전시회에서 키스는 한국을 주제로 한 작품 16점을 전시하였다.

1921년에 일본에서 전시회를 마치고 다시 한국을 찾은 키스는 그해 9월 20일부터 22일까지 지금의 소공동에 있던 서울은행집회소에서 전시회를 열었다. 이 전시회는 한국 미술사에서 매우 중요한 사건 중 하나였다. 그 무렵만 해도 한국 역사에 미술 전시회라는 것이 존재하지 않다시피 했기 때문이다. 도쿄에서 서양화를 배운 김관호金觀鎬가 1916년에 고향인 평양에서 유화전을 연 것이 한국 역사상 최초였고, 서울에서는 도쿄 유학 중 유화를 배운 나혜석羅蕙錫이 여성으로서 처음으로 1921년 3월 전시회를 열었다. 따라서 엘리자베스 키스의 전시회는 한국에서 세 번째 전시회이자, 서양 화가로서는 최초의 전시회였다. 이제 막 미술가 협회가 꾸려졌던 1920년대에 영국에서 건너온 여성이 개인 전시회를 연 것이다. 《동아일보》에 '영국 여류 화가의 자작화 전람회'라고 보도된 이 전시회에는 선교사, 외교관, 친구 들은 물론이고 많은 한국인 들이 왔다. 그녀는 전시회가 성공적이었음을 한국 사람들이 많이 보러왔다는 사실로 알 수 있으며, 그 증거로 "저녁이면 방 안에서 김치 냄새가 났다"라고 말하기도 하였다. 하얀 옷에 까만 갓을 쓴 한국 사람들이 서양 화가의 눈에 비친 자기네들의 모습을 난생 처음 보고 기이한 표정을 지었다고도 했다.

키스는 1934년에 서울 미츠코시 백화점 화랑에서 두 번째 전시회를 열었는데,《조선일보》는 이 전시회에 대해 '영 여류 화가의 손으로 재현되는 조선의 향토색'이라고 평하였다. 서양 여류 화가가 한국에서 전시회를 두 번이나 열었다는 사실도 미술사상 주목할 만한 일이다. 견문이 적은 탓인지 모르겠지만, 20세기 초에 다른 어느 서양 화가가 한국에서 단독 전시회를 열고 그 사실이 신문에 보도되었다는 이야기는 아직 듣지 못하였다. 유감스러운 점은 키스의 그림이 한국인에게 팔린 기록이 없고 거의 서양인 들에게 팔린 탓에, 지금 그녀의 그림을 만나려면 외국 미술시장에서 작품을 구매하는 것이 가장 쉬운 방법이다. 키스는, 일본 사람들이 전통적으로 우키요에 그림에서 그러했듯이 작품이 팔리는 대로 무한정 다시 찍어내는 것이 아니라 아주 소량을 한정판으로 출판했기 때문에 지금은 작품을 구하기가 쉽지 않다. 어느 목판화도 100장 이상 만들었다는 기록이 없으며, 더군다나 1923년 관동대지진 때 와타나베의 공방이 불에 타는 바람에 목판화 원본 상당수가 소실되었다. 어쩌다 발견되는 수채화 원본은 찾기가 쉽지 않고 가격도 만만치 않다.

한국 사람과 풍경을 그리면서 화가로 등단하게 된 키스는 자연스레 동양의 다른 나라들을 찾아다녔다. 그녀는 중국의 북경, 소주, 상해, 광동, 홍콩을 방문해 수많은 그림을 그렸다. 정치적 소란으로 인한 안전문제 때문에 중국에 더 이상 머물 수 없게 됐을 무렵, 갑자기 한 친구가 그녀에게 따뜻한 필리핀으로 가면 어떻겠느냐고 제안했다. 이내 준비를 마친 키스는 소개장 한 장을 들고 돌아올 날도 정하지 않은 채 새로운 소재를 찾아 필리핀으로 떠났다. 그 후 그녀는 이름도 생소한 여러 섬과 도시를 방문하며 그곳에 살고 있던 다양한 원주민의 생활을 묘사했다. 이때 이미 영국에 가 있던 언니 엘스펫에게 쓴 편지에는 그녀가 여행을 하며 느낀 감상은 물론이고 그림에 대한 많은 이야기가 적혀 있어서, 1924년까지 그녀의 여행과 여러 활동을 연구하는 데 큰 도움이 되고 있다. 하지만 유감스럽게도 이 편지의 원본을 찾을 수 없는 데다가 이 책의 원서인 《동양의 창 Eastern Windows》의 편집 과정에서 정확한 날짜를 삭제하고 국가별로 편지를 묶은 탓에 키스의 여행 경로나 날짜를 상세히 알 수는 없다. 그녀는 혈혈단신 백인 여성의 몸으로 스케치북과 물감을 소중히 챙겨든 채, 어디로 가면 재미있는 그림 소재가 있으리라는 주변 사람들의 말을 안내 삼아 동양의 구석구석을 떠돌아 다녔다.

1923년에 관동대지진이 났을 당시 그녀는 필리핀의 한 섬에 있었고, 몇 달 후 그녀가 일본으로 돌아왔을 때 도쿄와 요코하마는 잿더미 위에서 과거의 일본을 재건하고자 안간힘을 쓰고 있었다. 그녀의 목판화 작품을 인쇄하던 와타나베의 집과 공방에도 불이 나서 목판화 원본이 대부분 소실되었고, 임시로 마련한 장소에서 판화 각인과 채색 작업을 하고 있었다. 이

듬해 1924년에 키스는 9년여의 일본 생활을 접고 미국으로 가서 여러 도시를 방문하며 전시회를 연 뒤 영국으로 돌아갔다. 런던을 떠날 때는 무명의 독신 여성이었지만, 그 후 동양의 여러 나라를 구석구석 방문하며 그 누구보다 철저히 동양인들의 일상을 관찰하고 그들의 삶을 화폭에 담은 덕분에 당당히 여류 화가로 인정받게 되었다. 그녀는 최고의 권위를 자랑하는 로열 아카데미Royal Academy of Arts에도 두 점의 작품을 전시하였고, 1925년에는 보자르 미술관Beaux Arts Gallery에서 성황리에 단독 전시회를 열었다. 조지 브로크너George Brochner는, 목판화를 만드는 기술은 일본에서 가져왔지만 "주제의 선택, 접근하는 시각, 밤낮에 관계없이 현장의 전반적인 분위기를 정확히 포착해내는 힘은 키스 양만의 독특한 점"이라고 평하였다. 즉 물리적인 방법은 일본의 것이지만, 그것을 통해 창출해낸 것은 엘리자베스 키스 고유의 정신과 정서라는 것이다. 또 그는 "더 나아가 감히 이렇게 말해도 될지 모르겠지만 동양의 미술가조차도 이런 황홀하고 귀한 장면을 판화로 만들지 못했다. 키스 양은 이런 것을 시도했고, 정교한 작품을 성공적으로 창조했다"라고 평하였다.

일본 우키요에의 전통은 화가가 그림을 그려 장인에게 넘기면, 목판 각인과 채색 작업은 평생을 그 일만 해온 장인들의 몫으로 엄격히 나눠져 있었다. 와타나베 같은 출판인은 화가와 장인 사이에서 중간 역할을 하는 사람이었다. 키스도 그 전통을 따랐지만, 서양 화가로서 자신의 작품을 완성하는 데 무관심할 수만은 없었는지 수많은 시간을 장인들과 함께 보내며 방바닥에 무릎을 꿇고 앉아 일일이 작업을 지시했고, 결과가 마음에 들지 않을 때는 열 장, 스무 장을 그대로 찢어버리기도 했다. 그러다 영국 런던에서 만난 판화협회 회장 윌리엄 가일스William Giles로부터 목판화를 포함한 판화를 만드는 작업이 일본인들의 주장처럼 그렇게 어렵지 않고 또 화가가 직접 할 수 없는 일도 아니라는 말을 듣게 된다. 이에 힘입어 그녀는 그때부

한국의 모자Korean Mother and Child 1924 컬러 에칭 26×33

터 에칭 기술을 배우기 시작했고, 1926년에는 파리로 가서 컬러 에칭을 연
마하였다. 에칭의 대상은 주로 한국을 소재로 한 그림이었는데,〈한국의 모
자Korean Mother and Child〉p.231,〈대금 연주자The Flutist〉,〈좌고 연주자The
Gong Player〉등이 이때 만들어진 작품이다. 1928년에《동양의 창》을 출판하
면서 이때 만든 작품 12점을 넣어 대중 앞에 선보이기도 했다.

'제2의 고향' 동양에 돌아오다
걷잡을 수 없는 방랑벽이 천성이었는지 모르겠지만, 키스는 점점 런던 생
활이 권태로워졌다. 이미 중년을 넘긴 나이에 어머니의 집에 더불어 사는

것은 쉬운 일이 아니었다. 더구나 집 안팎의 평범한 풍경을 그리는 것으로는 당연히 한계가 있었으므로, 그녀의 창작욕은 충족되지 못했다. 1929년에 다시 제2의 고향인 동양을 찾아 떠난 그녀는 말레이시아를 거쳐 몇몇 곳을 돌아다니며 그림을 그린 뒤 일본에 도착했고, 이후 도쿄 교외에 아담한 집을 빌려 작품 활동을 하였다. 1932년에 독신이던 언니 제시 키스JESSIE KEITH가 일본에 오고부터는 두 자매가 같이 지내기 시작했다. 키스를 처음 일본에 초청한 언니 엘스펫과 이후 키스와 함께 중국, 일본, 한국을 여행하며 그녀가 그림을 그리고 전시, 판매하는 것을 도와준 언니 제시는 다른 인물이다. 리처드 마일스가 이 두 사람을 동일인으로 보는 것은 잘못이다.

일본에 두 번째로 온 키스는, 자신의 그림을 장인들의 손에만 맡기는 것은 미술가로서 할 일이 아니라고 느꼈는지 혹은 손수 각인과 채색 작업을 하는 즐거움을 맛보고 싶어서였는지, 직접 목판화 각인과 채색 작업을 시도해 몇 점의 작품을 만들었다. 1931년에는 신판화로 유명하며 한국에도 방문해서 두어 점의 목판화를 남긴 요시다 히로시吉田博의 공방을 찾아갔다. 키스는 그의 공방에서 두어 달 동안 목판화 각인과 채색을 배우며 일본과 필리핀을 주제로 한 그림을 제작하였다. 〈필리핀의 귀부인PHILIPPINE LADY〉, 〈도시샤同志社 여학생 DOSHISHA GIRL〉P.233 등이 그때 만들어진 작품이다.

그녀의 말처럼 에칭의 모든 과정 역시 화가가 직접 하지 못할 이유가 없었다. 하지만 엄청난 집중력과 무수한 시간, 인내심, 부단한 노력이 필요한 이 과정까지 화가가 시종일관 도맡아 끝내기는 무리라는 걸 납득해서였는지, 이후 그녀는 목판화만큼은 와타나베 밑에서 일하는 장인들에게 다시 맡겼다. 작업 과정에서 화가가 실수로 머리카락 같은 붓 자국을 남겼다면 그것의 옳고 그름을 묻지 않고 그대로 새길 정도로 장인은 자기에게 맡겨진 고유의 일만 했다. 키스는 와타나베의 공방에서 일하는 사람들을 경의의 눈으로 바라보며 그들의 장인 정신을 극구 칭찬하였다.

도시샤同志社 여학생 DOSHISHA GIRL 채색 목판화 10.8×22.4 JIJ BLAND소장

한국에 와서는 로제타 홀 박사의 집에 머물렀다. 한국을 찾아와 큰 도
움을 준 선교사가 한둘이 아니겠지만, 그중에서도 로제타 홀 박사는 특히
중요한 인물이다. 그녀는 한국 최초로 여성을 위한 의과대학을 창설했고,
한국 최초의 서양 의학 의사였던 에스더 박 ESTHER PARK 을 미국으로 유학 보
낸 인물이었다. 홀 박사의 아들 셔우드 홀 박사는 무엇보다 먼저 한국에 퍼

져 있는 폐결핵을 퇴치해야겠다는 의지로 온갖 어려움을 극복하고 해주에 폐결핵 요양원을 설립하였다. 당시 폐결핵은 미국에서도 마찬가지였지만, 한국에서는 더더욱 불치의 병으로 여겨져 두려워했으며 전염병인 탓에 쉬쉬하고 숨기기 일쑤였다. 서양 의사의 진료를 거부하는 경향도 있었고, 폐결핵 환자 요양소를 자기 동네에 설립하는 데 반대하는 사람들도 많았지만, 무엇보다 큰 문제는 운영비 조달이었다.

고심 끝에 셔우드 홀 박사는, 덴마크에서 시작된 것으로서 성공적인 모금 방법의 하나인 크리스마스실CHRISTMAS SEAL을 한국에서도 만들어 팔기로 하였다. 그렇게 해서 만들어진 크리스마스실을 한국 사람뿐 아니라 홀 박사가 아는 여러 선교사, 사업가, 친구, 친척 들에게 팔았는데, 이 방법은 결핵 퇴치의 필요성을 인식시키는 동시에 모금의 방법으로도 효과적이었다. 한국에서 1932년에 처음 시작된 크리스마스실은 1940년에 홀 박사가 일본에 의해 추방당할 때까지 만들어졌으며, 이후 제2차 세계대전을 거치면서 한때 중단되었다가, 지금은 매년 대한결핵협회에서 발행하고 있다. 초기 두 번의 실 도안은 YMCA 직원이 만들었으나 전문적인 디자인의 필요성을 느껴 곧 뛰어난 화가를 찾게 되었고, 자연스레 평소 친분이 깊던 엘리자베스 키스에게 부탁하게 되었다. 그녀는 크리스마스실을 세 번이나 디자인해주었다. 1934년의 실은 어머니가 아이를 등에 업고 동대문을 배경으로 서 있는 그림이며, 1936년은 색동저고리를 입은 어린이들이 팔각정을 배경으로 연을 날리는 그림이고, 1940년은 두 어린이가 다정히 손을 잡고 있는 그림이다.

이때 디자인한 실의 원본은 포스터로도 만들어졌는데, 흥미로운 점은 1934년, 1936년 포스터에서 키스가 처음으로 자신의 한국 필명 '기덕奇德'을 그림에 적어 넣고 동양 화가처럼 낙관을 찍었다는 사실이다. 당시 한국에 살던 서양인들은 자신의 영어 본명과 비슷한 발음의 한자로 이름을 표

아기를 업은 여인Lady with a Child 1934 채색 목판화 37.5×43.4 좌측
연날리기하는 아이들Children Flying Kites 1936 수채화 36.5×49.5 중앙
두 명의 한국 아이들Two Korean Children 1940 채색 목판화(초록) 27.9×35.6 우측

기하곤 했는데, 그녀도 그랬던 듯하다. 본토 발음을 모르는 사람은 Keith 를 '케이드'라고 읽을 수도 있는데, 여기에서 기덕이라는 이름을 만들어낸 것이다. 기덕은 '기이한 덕을 베푸는 사람'이라는 뜻이니 그녀에게 꼭 맞는 이름인 셈이다. 앞서 말한 대로 화가로서 키스의 첫 걸음은 적십자 모금에 동참해 캐리커처 책자를 만든 일이었다. 제2차 세계대전 중에는 나치 독일 에 핍박 받는 유대인을 돌보고, 일본의 침략으로 신음하는 중국을 위해 모 금 활동에 참여하는 등 그녀는 기회가 닿는 대로 평생 남을 돕는 일을 게을 리하지 않았다.

1934년에 서울에서 열린 키스의 전시회는 많은 관심을 모았다. 이 전 시회는 공식적인 장소에서 개최된 그녀의 두 번째 한국 전시회로, 편지에 도 솔직히 썼듯이 화가로서 그림을 그리는 것이 참 재미있고 다른 사람에 게 자신의 작품을 보여준다는 것 또한 더없는 즐거움이지만, '화가도 빵 문 제를 해결해야 한다'라는 문제를 부정할 수는 없었다. 그녀는 공식 행사인 전시회 외에도 여행을 하면서 언제든 자신의 그림을 보여주고 팔기를 주저하지 않았으며 전시 환경이 열악해도 크게 탓하지 않았다. 1920년대 후반부터 그녀는 차츰 전 세계에 알려졌고 완전한 기성 화가로서 명성을 떨쳤다. 1933년에 영국의 스튜디오 출판사에서 판화가 아홉 명을 선정해 '마스터 오브 컬러 프린트Master of Color Print' 시리즈를 출판하였는데, 일본 최고 화가인 우타가와 히로시게歌川廣重와 가쓰시카 호쿠사이葛飾北齊에 이어 엘리자베스 키스도 이름을 올렸다. 영국 박물관British Museum의 시드니 콜빈Sidney Colvin 경은, "18세기 이후의 판화 중에는 키스의 작품에 비할 작품이 없다"라고까지 극찬하였다.

일본의 제국주의 정책이 점점 극악해져 중국을 침략하고 유럽에서는 나치가 득세해 세계대전이 머지않았을 즈음인 1936년 12월, 엘리자베스 키스는 하릴없이 일본을 떠나 호놀룰루에 도착하였다. 그곳에서 일본에서부터 알고 지내며 와타나베 공방을 함께 사용하기도 했던 목판화가 찰스 바틀릿 부부와 반가운 재회를 하였다. 바틀릿의 부인 케이트Kate와는 고향도 스코틀랜드로 동향인 데다 두 사람 다 크리스천 사이언스Christian Science라는 흔치 않은 교파에 속해 있었기 때문에 아주 친밀한 사이였다. 또한 하와이에서 유명한 미술 애호가로 명성을 떨치던 안나 쿡 여사를 만나 여러 작품을 보여주자, 그녀의 그림을 매우 마음에 들어한 쿡 여사가 작품 일체를 한꺼번에 사버린 일도 있었다. 그리하여 오늘날 호놀룰루 미술관은 키스의 여러 작품들을 소장하게 되었다. 이 책에 실린 그림 일부도 호놀룰루 미술관에서 제공해주었다. 쿡 여사는 하와이 특유의 다민족 문화에 중점을 두고 미술 작품을 수집하였으므로, 한국은 물론 중국, 일본, 필리핀 제도의 여러 민족들의 모습을 담은 키스의 그림은 그녀의 소장 목록에서 단연 중요한 위치를 차지하였다.

다정한 친구들과 미술 애호가들에게 둘러싸여 지내던 즐거운 날들을 뒤로한 채 호놀룰루를 떠나 캘리포니아에 도착한 엘리자베스 키스에게, 영

장례를 치르고 돌아오며 Returning from the Funeral, Korea 1922 채색 목판화 23.8×37.5

국 귀국 전까지 화려하고 성공적인 순회 전시를 돌게 되는 바쁘고 보람찬 일정이 기다리고 있었다. 특히 오레곤 대학 박물관장이 된 거트루드 워너 여사와는 1924년에 일본에서 만난 후 줄곧 각별한 친구 사이로 지내왔는데, 동양에 심취한 워너 여사는 진작부터 키스의 작품을 수집해왔던 터라 그녀의 미국행을 크게 반기며 전시회를 주선해주었다. 이런 인연으로 조던 슈니처 미술관은 엘리자베스 키스에 관한 자료를 그 어느 미술관보다 많이 소장하고 있으며, 그녀와 워너 여사가 주고받은 수많은 편지들도 소장하고 있다. 미네아폴리스, 시카고, 뉴욕 등지를 거쳐 마침내 영국으로 귀국한 키스는 이듬해 런던에서 단독 전시회를 열었다. 영국 여왕은 이 전시회를 직접 참관하며 그녀와 동양의 여러 나라들에 대해 이야기를 나누었고 그녀의 그림을 일곱 점이나 사갔다. 〈장례를 치르고 돌아오며Returning from the Funeral, Korea〉p.237, 〈한국 신부Korean Bride〉p.36 등이었다. 1930년대는 그녀가 화가로서의 명성을 드높이며 쉴 새 없이 전시회를 연 시기였지만, 동시에 일본이 아시아 전역을 식민지로 만들겠다며 전쟁을 확대해가던 때이기도 했다. 그녀는 다시 동양에 가고 싶다는 애타는 바람을 1939년 봄까지 편지마다 쓰곤 했지만, 그 꿈은 이루어질 수 없었다. 선전포고도 없이 진주만 폭격을 감행한 일본은 미국과 그녀의 모국인 영국을 적국으로 만들어버렸다.

　　제2차 세계대전은 누구에게나 힘든 시기였지만 키스에게는 더욱 힘겨운 암흑기였다. 전쟁 중 폭격으로 생명의 위협을 받는 것은 물론이고, 서양이 반일 감정에 휩싸인 탓에 전시회가 속속 취소되었고, 일본을 소재로 한 작품은 팔리지 않았다. 그래도 일본에서는 그녀의 작품이 이따금씩 팔렸지만, 그 수익금을 영국으로 송금할 수 없었으므로 전혀 소용이 없었다. 키스 자매가 15년 넘게 머물며 아름다운 정원에서 국화꽃을 감상하고 다도를 즐기던 평화로운 일본은 이미 먼 과거의 모습이었고, 이제는 극단적인 군부가 주도권을 장악하고 피비린내 나는 살생을 자행하며 식민지 확보에 혈안이 된 호전적 모습으로 변해 있었다. 키스는 거트루드 워너에게 쓴 편지에서 몇 차례나 일본의 중국 침략 전쟁에 대해 "이는 전쟁도 아니고 단순한 학살 행위"라고 비판하며 "아, 불쌍한 중국!"이라고 개탄하였다. 키스 자매는 오갈 데 없는 유대인 피난민 여자아이를 돌보기도 하고, 중국에 무기를 사서 보내는 모금 운동에 힘을 보태고자 전시를 기획하기도 하였다. 한 번은 호주로 가서 그림을 그려 팔아볼까도 했고, 또 한 번은 남아프리카 연방으로 가기 위해 일정까지 잡았지만 그 역시 실행에 옮기지 못했다. 키스는 그동안 옥스퍼드 주의 킹햄에 있는 이드베리 마노Idbury Manor에 머물면서 언니 엘스펫과 함께 1919년의 첫 한국 방문기를 완성하였고, 전쟁이 끝난 1946년에 이 책을 출판함으로써 우리에게 크나큰 선물을 남겨주었다.

전쟁이 끝났으나 키스는 예전처럼 왕성한 작품 활동을 재개하기가 어려웠다. 미술가는 언제나 새로운 대상을 찾아다니고 새로운 만남을 통해 창작욕을 불태울 수 있어야 한다. 그런데 그녀는 해외여행을 가기에 재정적으로 궁핍했고, 목판화의 인기도 죽은 데다, 이미 일흔을 바라보는 나이라 건강도 문제였다. 중국은 마오쩌둥과 장제스의 전쟁이 한창이었고, 패망 후 잿더미가 된 일본은 다시 찾을 만한 애정의 대상이 아니었다. 곧이어 터진 한국전쟁은 동족상잔의 전쟁으로, 그녀는 그렇게 점잖고 온유한 한국인들이 어떻게 그런 전쟁을 하는지 이해가 안 된다고 한탄하였다. 그녀에게 남은 것은 신앙생활뿐이었다. 평생을 크리스천 사이언스 신자로 살아온 그녀에게 이제 대외 활동은 보스턴에서 출판되는 신문 중 하나인《크리스천 사이언스 모니터The Christian Science Monitor》에 간혹 기고를 하는 게 고작이었다.

1954년에는 워싱턴에서 발간된《코리안 서베이Korean Survey》10월호에 한국의 이곳저곳을 찾아다니던 시절을 회고하는 글을 게재하였다. 그녀가 남긴 편지에 따르면 또 한 권의 책을 출판하기 위해 원고를 써서 출판사에 보내기도 했는데, 집필 일자나 제목은 명시되어 있지 않다. 1956년 2월에는 한 여성 단체의 주선으로 도쿄에서 키스의 단독 전시회가 열렸다. 병이 위중해 직접 참석할 수 없었지만, 출품작의 절반 가량이 팔렸고 수익금 가운데 절반은 장학금으로 쓰였다. 전시회가 있은 지 불과 두 달 후인 1956년 4월, 엘리자베스 키스는 사랑하는 언니 엘스펫과 제시, 레이첼을 남겨둔 채 69세의 일기로 런던에서 세상을 떠났다. 유언으로 추모금을 한국전쟁 때 사지를 잃은 사람들을 위해 의족을 만들어주는 기금에 보태도록 했다고 하니, 화가로서의 면모뿐 아니라 인간적으로도 그녀를 흠모하지 않을 수 없다.

엘리자베스 키스의 작품 세계

조선이 개국을 한 1880년대부터 제2차 세계대전이 발발한 때까지 한반도를 찾은 서양 화가는 엘리자베스 키스 외에도 여러 명인데, 그중에는 자신의 그림을 책으로 펴낸 사람들도 있다. 휴버트 보스Hubert Vos는 고종의 어진을 그려 한국에 널리 알려졌지만 사실 한국을 그린 그림은 두어 점뿐이었다. 한국은 그에게 중국으로 가는 길목에 지나지 않았기 때문이다. 헨리 새비지랜더Arnold Henry Savage-Landor, 콘스탄스 테일러Constance Tayler, 사이러스 르로이 볼드리지Cyrus LeRoy Baldridge, 플로렌스 크레인Florence Crane 등은 오랫동안 한국에 머물며 한국을 관찰하고 책을 낸 사람들이다. 이 밖에도 일본을 거점으로 한국을 자주 방문하며 목판화를 만든 유명 서양 화가들도 있다. 세 살 때부터 일본에서 살다 죽은 프랑스인 폴 자쿨레Paul Jacoulet, 외교관인 아버지와 함께 일본과 한국에서 살다 미국에서 생을 마감한 미국 여류 화가 릴리안 밀러, 한국을 소재로 한 그림은 얼마 안 되지만 일본과 중국을 소재로 여러 작품을 남긴 미국 여류 화가 버사 럼 등이 그렇다. 이런 서양 화가들과 견주어봐도 엘리자베스 키스는 특출한 화가였으며, 더구나 한국과의 관계에서는 남다른 위치에 있다고 확신한다. 엘리자베스 키스는 한국을 특히 사랑하였고, 그녀의 그림 중 가장 빛나는 작품은 한국을 소재로 한 그림이었다. 오레곤 대학 전시회 당시 바바라 젠트너는 "한국을 소재로 뛰어난 작품을 만들었다"라고 하면서 엘리자베스 키스는 다른 화가들과 다르다고 지적하였다.

수채화를 그린 후 120여 장을 판화로 만들어 후세에 남겨주었다는 점에서도 앞서 언급한 서양 화가들과 키스는 다르다. 그들의 그림은 그림 자체로는 나무랄 데 없을지 모르지만 간단한 스케치가 많고, 이제는 책에서나 볼 수 있을 뿐 어디에서도 원본은 볼 수 없다. 반면 엘리자베스 키스의 그림은 판화로 만들어진 작품이 많아 다수의 개인 수집가가 작품을 수집하여 보관하고 있을 뿐 아니라 미국, 영국, 일본, 프랑스, 캐나다 등지의 권위 있는 미술관에서 작품을 수집해 영구 보존하고 있다. 한국이 일본의 식민지로 암흑 속에 있을 때, 그녀는 세계 도처를 다니며 전시회를 열고 한국인의 얼굴과 생활상을 보여줌으로써 '한국 홍보대사'의 역할을 하였는데, 이는 많은 작품을 판화로 만들었기 때문에 가능한 일이었다. 어떤 때는 단출하게 판화만 챙겨와서 프레임도 하지 않고 보드에 펴서 붙인 채로 전시를 하기도 했다. 판화는 가격이 비교적 싸기 때문에 웬만한 사람들도 수집을 할 수 있고 화가의 입장에서도 좋은 수입원이다.

물자가 귀하던 전쟁 직후,《올드 코리아》를 출판하면서 그림 40점을 넣었는데 그중 16점만 컬러로 들어갔다. 그녀는 한국 그림은 특히나 컬러로 실어야 하는데 그러지 못하고 일부를 흑백으로 보여주게 된 점을 무척 안타까워했다. 특히 안타까운 것은 키스의 그림들 중 절반 이상이 수채화로 남아 있다가 세월과 함께 하나둘 종적을 감추면서 이제는 소재가 묘연해졌다는 사실이다. 그래서 이 책에는 이전에 소개되지 않은 수채화 작품들을 최대한 많이 실으려고 했다.

키스 그림의 진가는 작품 자체가 뛰어났다는 데 있다. 릴리안 밀러는 나이는 어렸지만 키스와 거의 같은 시기에 판화에 입문했는데, 미술 작품다운 목판화를 만든 것은 그로부터 수년이 지나서였다. 그녀는 어려서부터 일본의 정통 미술교육을 받았고 아버지가 미국 영사로 한국에 있을 당시 서울에서 살기도 했다. 이후에는 미국으로 가서 대학 교육을 받았고, 그곳에서 제2차 세계대전 때 생을 마감했다. 프랑스인 자쿨레는 세 살 때 부모를 따라 일본에 건너온 이후 평생 일본에서 살다 죽은 인물로, 어머니가 한국에서 교수로 재직 중인 일본인과 재혼하면서 서울에도 자주 드나들었다. 1930년대부터 1960년대 무렵까지 작품 활동을 한 자쿨레는 직접 공방을 운영하며, 자신의 그림에 정기적으로 관심을 가져주고 그것을 수집하는 이들에게 주로 작품을 공급하였다. 이들 셋은 모두 동양을 주제로 한 그림만 평생 그리다 간 사람들이었다. 그들의 판화는 서양 사람의 안목으로 동양을 그렸다는 점, 작품이 주로 서양인에게 팔렸다는 점, 따라서 작품을 통해 이색적인 호기심을 충족시키고 동양의 문화를 소개한다는 점에서 공통적이다. 그러나 밀러와 자쿨레의 그림도 높이 평가되지만 키스의 그림이 유독 우리에게 따뜻하게 다가오는 이유는 동양, 특히 한국 문화에 대한 특유의 접근과 표현 때문이 아닐까 한다. 키스는 이미 성인이 되어 일본을 처음 찾았고 이후 중국, 한국, 필리핀 제도를 돌며 그림을 그렸다. 출생에 의해서가 아니라 자발적이고 의식적으로 동양을 선택했다는 점에서 출발 자체부터 다른 화가들과 구별된다.

런던에서 성장한 키스가 동양을 찾아와 서양과 다른 이국적이고 이색적인 문화와 풍경에 매료된 것은 논할 필요조차 없다. 그러나 여느 화가나 여행객처럼 그녀는 피상적으로 얄팍한 호기심만을 채운 채 그 나라나 지방의 문화를 뒤로하고 떠나지 않았다. 미술 평론가 맬컴 샐러맨MALCOLM SALAMAN은 키스가 동양에 살면서도 동양 문화는 거들떠보지 않은 채 그저 생계만 해결한 다른 서양인과 달랐다고 했다. 그는 키스가 동양 문화에 대해 '애정 어린 관심'을 품고 있었고, 동양 사람들과 진정한 친구가 되었다고 평했다. 본문에 나오는 것처럼 동료 화가들은 새로운 곳에 도착한 즉시 그림을 그리기 시작했지만, 키스는 한동안 붓끝 하나 대지 못한 채 그곳의 모든 것을 정신적, 정서적으로 흠뻑 이해하고 흡수한 다음에야 그림을 그릴 수 있었다. 그릴 대상을 만났을 때는 자신이 그 환경에 그대로 '용해되어 흡수되는 느낌'을 경험하고서야 그 정서를 화폭에 담았고, 이후에도 다시 그림을 수정하고 보완하는 각고의 노력을 기울였다. 30여 명이 천막을 치고 원산 어딘가의 마당에서 벌이는 흥겨운 〈시골 결혼 잔치〉ᴘ.33, 많은 이들이 왕래하는 소주 거리의 소란스러운 장면ᴘ.97, 닭싸움을 구경하며 소리

닭싸움Cock Fight 채색 목판화 31.4×41.4

를 지르는 필리핀 사람들의 모습ᴾ·²⁴³, 등불이 휘황하게 흔들리는 일본 요
코하마의 축제 장면, 반짝이는 진주 목걸이를 산허리에 두른 듯 황홀한 홍
콩의 야경ᴾ·¹¹³ 등은 그녀가 아니고서는 포착해내지 못했을 동양의 모습들
이다.

　　키스는 사람들이 일상을 살아가는 모습을 자세히 관찰하고 연구하여
그것을 화폭에 담아 표현해낸 인류학자 같은 화가였다. 한국의 전통 화가
들은 산수도나 화조도를 그렸고 민화도 대개는 장식적인 용도를 벗어나지
못하였기에, 오늘날 우리는 몇 점 되지 않는 단원 김홍도나 혜원 신윤복의

풍속도를 그토록 귀하게 여긴다. 미국의 미술 평론가 켄들 브라운Kendall Brown이 지적했듯이 엘리자베스 키스의 그림은 '생생하게 살아있는 박물관'이다. 그녀는 한국인의 일상을 눈여겨보며 그 속에서 발견한 아름다움을 화폭에 담아 작품으로 만들었고, 그 과정에서 유머를 넣는 것 또한 잊지 않았다.

〈원산 학자와 그 제자들〉ᴾ·⁴⁵이라는 그림을 자세히 살펴보자. 이 작품의 모델은 원산에서는 다 알만 한 유명한 학자였다고 하는데 유감스럽게도 이름이나 정확한 신분이 알려져 있지 않다. 키스는 그 학자와 친하게 지내며 그림을 여러 장 그렸는데, 〈선비〉ᴾ·⁴³, 〈왕릉 앞에 선 시골 선비〉ᴾ·⁴⁷가 모두 이 학자를 모델로 한 작품이다. 〈원산 학자와 그 제자들〉을 자세히 보면 우선 배경이 여러 가지를 말해준다. 멀리 뒤로 보이는 곳은 금강산의 일부인 듯하며, 양지 바른 언덕 위에 자리한 학자의 집은 그래도 지체가 있는 신분이라 초가지붕이 아니라 작지만 기와지붕이다. 내려오는 흙길의 양옆에 선 구부정한 소나무와 큼지막한 돌덩이는 한국의 전형적인 시골 풍경이다. 배경 속의 인물들을 살펴보면, 학자는 갈지자걸음으로 앞장서서 언덕을 내려오고 아이들이 그 뒤를 따르고 있다. 고종이 승하한 직후의 상중이라 학자는 까만 갓을 쓰지 않고 하얀색 모자를 쓰고 있다고 키스는 전한다. 뒤따르는 제자들이 모두 남자아이인 것은 딸에게 공부를 시키지 않던 당시의 현실을 보여준다. 제자들은 그래도 잘사는 집 자식들이라 각종 모자를 쓰고 있는데, 삐죽한 갓을 쓰고 있는 아이는 양반의 자제이고, 희고 평범한 모자를 삐뚜름히 쓴 아이도 있다. 맨 뒤로 처진 녀석은 자세히 봐야 보이겠지만, 신발이 벗겨졌는지 짚신 끈이 끊어졌는지 아무튼 신발을 챙기느라 꾸부리고 앉아 있다. 이런 장면은 밀러나 자쿨레의 그림에서는 찾아볼 수 없다. 릴리안 밀러가 묘사한 한국인의 생활상은 외국 관광객에게 팔기 위한 기념품 수준이었고, 한국의 풍속을 표현한 작가로 인정받는 조선 화가 김

준근金俊根도 조잡하게 그린 그림을 서양 관광객들에게 싸게 파는 정도였다. 인물화를 주로 그린 자쿨레의 경우, 사람들의 일상을 그리기보다는 자신의 상상력을 미학적으로 표현하였다. 금강산, 원산, 평양의 부벽루를 오가며 한국의 자연을 극찬한 엘리자베스 키스는 한국을 그린 그림들 중 사람이 들어가 있지 않은 산수화를 그린 적이 평생 단 한 번뿐이었으며, 그녀의 그림 어디에서나 사람, 그것도 여러 명의 사람을 찾아볼 수 있다. 〈금강산 구룡폭포〉가 사람이 등장하지 않은 유일한 예외인데, 그 대신 소란을 떨어 사람들을 놀라게 하거나 귀찮게 굴었다는 용이 그려져 있다. 하늘에서 내려온 부처가 용 아홉 마리를 퇴치했다는 전설을 담은 작품이다. 금강산에 갔다가 그린 또 다른 그림인 〈금강산, 전설적 환상〉p.60에는 하강하는 부처는 물론, 우측 하단을 자세히 보면 두 손을 모아 합장하는 사람의 모습이 그려져 있다.

키스는 여러 계층, 여러 직업의 사람들을 관찰하며 그리기를 즐겼다. 평생 인물화만 그린 폴 자쿨레가 화폭에 담긴 선과 색으로 호소하는, 외형을 갖춘 '그림의 대상'을 찾은 반면, 키스는 그 지방의 문화를 표현하며 살아 숨쉬는 '사람'을 찾아다녔다. 머리에 황금 장식을 한 가마 탄 귀부인을 길에서 우연히 발견하고 눈여겨보았다가 후에 수소문을 해서 왕족이자 교수의 부인인 그 여인의 초상화를 그린 적도 있었다. 한 번은 이상스레 수염이 없는 남자를 보게 되었는데, 그가 망해버린 왕조의 슬픈 유산인 환관임을 알고는 그를 스케치하기도 했다. 또 '동 씨'라는 나이 든 여인의 모습을 화폭에 생생히 담기도 했는데, 이 여인은 한때 암자를 지키는 여승이었으나 화상을 입고 선교사들이 운영하는 병원에서 치료를 받던 중 기독교로 개종해 병원 건물에 기거하며 《성경》 공부를 하고 있었다p.246. 키스는 기독교인이었지만 다른 종교에도 관심이 많아서, 죽은 사람의 원혼을 달래기 위해 한바탕 신명나게 춤을 추고 돌아가는 무당굿을 참관하며 그 장면을

여승이었던 동씨董氏 Tong See, The Buddhist Priestess 컬러 에칭 29.2×38.1

그리기도 하였다p.53. 일본에서는 일개 목수뿐 아니라 정식으로 옷을 차려
입은 승려p.197도 그렸으며, 중국에서는 라마 승려의 모습p.83, 85, 86을 여러
장 그렸다. 그녀는 그림을 그릴 때만은 모든 화가가 문화적, 종교적, 직업
적 차이를 망각하고 모델과 하나가 되거나 동격이 되는 민주주의적 관계가
만들어진다고 믿었다.

　　서양인을 처음 본 동양인은 서양인의 얼굴이 다 똑같아 보여서 구별하
기가 힘들기 마련인데, 이런 느낌은 서양인이 동양인을 볼 때도 마찬가지
여서 서양 화가의 그림 속 동양인은 모두 비슷하게 그려지는 경우가 많다.

하지만 키스는 얼굴의 특징을 잡아내는 데 분명 남다른 재능이 있었다. 어느 미술 평론가는, 엘리자베스 키스가 동양인을 그린 서양 화가 중 일본인, 중국인, 한국인의 얼굴에서 그 특징적 차이를 가장 잘 파악하고 그린 화가라고 평했다. 버사 럼은 말할 것도 없고 헬렌 하이드의 그림을 보면, 모든 동양인의 얼굴이 거의 다 똑같아서 개성을 가진 개인이라는 생각이 들지 않는다. 그저 사람의 모습을 그린 것에 불과해서 얼굴을 그냥 공백으로 남겨뒀다 싶을 정도다. 하지만 키스의 그림에 묘사된 인물들의 얼굴은 한 사람 한 사람이 다르고 성품을 추측할 수 있을 정도로 개성이 담겨 있다. 그녀는 다 똑같아 보이는 동양인을 그린 것이 아니라 각각의 개성과 인격을 지닌 인간을 그렸으며, 이 점 하나만으로도 그녀의 그림은 비할 데 없이 뛰어나다 하겠다. 그녀는 얼굴뿐 아니라 그 사람의 마음까지 읽을 수 있을 정도로 표정까지 사실적으로 묘사했다.

1915년에 키스는 한 달 넘게 뱃길을 달려 일본에 도착했다. 이때 그녀가 가장 먼저 찾아 간 곳이, 일본에 밀려든 서구 문명으로 인해 종족이 사라질 위기에 처한 아이누 족의 거처인 북해도였다. 그녀는 그곳에서 오랫동안 아이누 족과 함께 지내며 스케치를 하였고, 그들의 문화적 유물도 수집하였다. 한국에 와서도 그녀의 눈길이 머문 곳은 밀려드는 서양 문물을 성급히 쫓고 있는 양복 입은 한국인이 아니라 말총으로 만든 까만 갓에 흰 두루마기를 걸치고 짚신을 신은 사람들이었다. 필리핀에서도 역시 서양식 복장을 입은 '개화'된 토착민이 아니라, 고유의 옷을 입고 전통 춤을 추는 맨발의 모로 족에게 눈길을 돌렸다. 동양을 방문한 서양인들이 급속히 자신을 닮아가는 일본을 기특하게 여기고 어느 정도 서양화된 사람들에게 친근감을 느끼는 현상이 일반적이었을 것이며, 실제로 많은 서양인들이 그랬다. 하지만 키스는 길을 가다가 우연히 책을 읽으며 대화를 나누던 수염이 허연 두 노인을 발견하고는 그 아름다움에 취했으며, 먼 훗날 자신이 그곳에 다시 갔을 때도 그런 사람들이 그대로 있기를 바란다고 말했다[p.31]. 장기판을 사이에 둔 채 긴 담뱃대를 물고 장기를 두는 두 노인의 모습은 우리가 보기에 평범하다 못해 꾀죄죄해 보일지 모르지만, 키스에게는 행여 사라지면 어쩌나 걱정이 되는 더없이 평화로운 모습이었다[p.50].

그녀가 '전통적인 동양'을 유독 좋아하고 그 모습에 집착하며, 사라져가는 '올드 코리아'의 모습을 화폭에 담고자 왜 그리도 애를 썼는지 누구도 그 배경을 쉽게 단정할 수는 없다. 한 가지 단서라면, 그녀의 가족들이 보수적이고 사라져가는 과거의 것을 중시하는 사람들이었기 때문이 아닌가 싶다. 그녀에게 동양에 올 기회를 준 형부 존 로버트슨 스콧은 일본의 농업에 대해 연구하고 책을 썼으며, 영국에 돌아가서는 《농촌 사람들 The Countryman》이라는 잡지를 창간해 20여 년간 주필 겸 발행자로 활동했다. 이 잡지의 철학은 전원적인 시골 생활을 찬양하며 도시 생활을 피하자는 것이었고, 옛날의 평화스런 농촌 생활을 권장하는 것이었다. 언니 엘스펫은 이 잡지사의 편집자로서 평생 남편과 함께 일하며 기계 문명의 성급한 도입으로 파괴되어가는 도덕심과 사회 질서의 혼란을 경고하였다. 또 다른 언니 제시는 고대 직조물에 관심이 있어서 중국이나 일본 등지를 방문했을 때 옛 수공 직조물을 수집해서 서양 박물관에 팔기도 했다. 또 사촌인 아더 키스 경은 유명한 인류학자였다. 리처드 마일스가 지적한 대로 키스는 사라져가는 것들을 아쉬워하며 그림에 담았다. 그녀의 그림은 '상업적인 향수 commercialized nostalgia'가 아니라 변하는 세월에 씻겨 사라져가는 찬란한 옛 문물에 대한 진심 어린 동경이었다.

키스의 그림은 굳이 설명을 하지 않아도 알 수 있듯 추상파도 입체파도 아니며 있는 그대로, 보이는 그대로를 화폭에 옮긴 사실화이다. 그녀는 마치 카메라 같은 눈과 정밀한 기계 같은 손으로 눈앞에 전개되는 풍경을 자그마한 공간에 충실히 옮기는 화가이다. 한국의 옛 법에서는 사람이 죽으면 특정 성문을 통해 시신을 성 밖으로 내가서 매장하도록 했는데, 키스는 〈장례를 치르고 돌아오며〉p.237라는 그림에서 장례식을 치르고 돌아오는 길의 성문에 걸린 현판까지 상세히 묘사한다. 아마도 망우리에 시신을 묻고 돌아오는 길이었을 것이다. 중국 소주의 어느 거리p.97와 북경의 야시장 그림에서도 한문으로 된 간판을 얼마나 정밀히 그렸는지 무슨 상점인지까지 알 수 있다. 키스는 한문을 공부하지 않았으므로, 이는 그녀가 사실화에 얼마나 뛰어났는지를 단적으로 보여주는 예이다. 일본에서는 벗나무를 이용해 목판화를 제작하였으므로 크기가 큰 작품은 만들 수가 없었고, 화실 하나 없이 스케치북을 들고 아시아 전역을 여행하는 형편이라 100호짜리 또는 그 이상의 사실화를 남기지 못했다는 것이 유감이긴 하다. 그렇지만 그녀가 그린 그림의 정밀도는 놀라운 수준이어서 미술적 가치를 넘어 역사적, 문화적 가치를 가지고 있다. 서양 화가는 물론이고 한국의 어느 화가가 20세기 초 우리의 문화적 모습을 이토록 충실하고, 정감 있고, 아름다운 그림으로 후대에 남겨주었는가? 엘리자베스 키스가 추상파, 모더니즘 등 어느 유파에도 속하지 않고, 자신이 본 대로 느낀 대로 그리는 고독한 독학의 화가라는 사실이 이런 점에서는 얼마나 다행인지 모르겠다.

'21세기 한국'에서 다시 만난 키스

일본의 탄압에 신음하고 농업 경제를 넘어서지 못한 채 빈곤에 허덕일 때, 엘리자베스 키스는 우리의 전통적 모습을 그려 전 세계의 유명 도시에서 전시하였고, 그 후 유명 박물관들에서도 그녀의 그림을 소장하게 되었다. 키스는 1956년에 세상을 떠났지만, 세월이 흐를수록 그녀의 그림에 대한 평가는 점점 높아져서 이제 20세기 초 동양에서 활동한 서양 판화가를 논할 때 절대 빼놓을 수 없는 위치에 올랐다. 1974년에 오레곤 박물관은 '서양인의 눈으로 본 동양'이라는 전시회를 개최해서 그녀의 그림을 대대적으로 보여주었고, 1991년에는 퍼시픽 아시아 박물관에서 '엘리자베스 키스의 프린트Elizabeth Keith: the Printed Works 1917-1938'라는 단독 전시회를 열었다. 1993년에는 북일리노이 대학교 미술관에서 '서양 화가와 동양 장인의 만남'이라는 콘셉트로 서양 판화가들의 작품을 전시했고, 1996년에는 일본 요코하마 박물관에서 '동양을 보는 눈Eyes toward Asia: Ukiyoe Artists from Abroad'이라는 전시회가 열렸다. 2002년에는 퍼시픽 아시아 미술관에서 또 한 차례 전시회가 있었고, 키스의 작품을 다량 소장하고 있는 조던 슈니처 미술관에서는 2006년에 소규모 전시회를 개최하였다. 2011년 봄에는 퍼시픽 아시아 박물관에서 '동양을 바라보다Visions of the Orient: Western Women Artists in Asia 1900-1940'라는 제목으로 키스, 밀러, 럼, 하이드 이렇게 여류 화가 넷의 작품을 보여주는 전시회를 진행했다. 같은 해 10월부터 약 2개월 간 자리를 옮겨 워싱턴 중심부에 위치한 국립여성예술가박물관National Museum of Women in the Arts에서 전시회를 이어갔는데, 이 미술관은 전 세계에서 유일하게 여류 화가들의 작품만을 수집하고 전시하는 미술관이다. 이 전시는 2012년 4월부터 6월까지 조던 슈니처 미술관으로 자리를 옮겨 계속되었다.

불행히도 정작 한국에서는 엘리자베스 키스라는 화가가 전혀 알려지지 않고 있었는데, 한국의 가나아트가 주선해서 파리에서 열린 전시회가 필자가 아는 한 키스에 대해 한국에서 관심을 보인 최초의 전시회였다. '새로운 만남: 1900년대 외국인이 본 한국 풍경'이라는 제목으로 열린 이 전시회에는 화가 5명의 작품이 전시되었다. 한국의 미술사 전공자들이 엘리자베스 키스를 포함한 서양 화가들의 내한을 논문에서 다루기 시작한 것도 최근의 일로, 대부분 2차 자료에 의존해서 간단히 약력만 알려주고 있을 뿐이다. 필자는 이 점을 대단히 유감스럽게 여기던 중, 당시 전북도립미술관

최효준 관장의 주도로 2006년부터 2007년에 걸쳐 전북도립미술관을 시작으로 경남도립미술관, 국립현대미술관으로 이어지는 '푸른 눈에 비친 옛 한국: 엘리자베스 키스전'을 마련했었다. 이렇게 해서 다시 한국을 찾게 된 엘리자베스 키스는 따뜻한 환영을 받았다. 2008년에는 도서출판 책과함께에서 배유안의 《영국화가 엘리자베스 키스 그림에서 우리 문화 찾기》를 출판하여 아이들에게 소개되는 기회도 있었다. 이후 KBS와 재능TV에서 키스의 그림을 소개하는 프로그램을 방영하기도 했다. 2010년에는 뉴욕에 있는 코리아 소사이어티The Korea Society 전시관에서 한국의 전통 모자帽子에 초점을 맞춰 키스의 그림 중 모자가 들어간 작품을 골라 작은 전시회를 열었다. 2011년 1월부터 한 달간 청량리 롯데갤러리에서는 '외국인이 그린 옛 한국 풍경전'이 열렸는데, 단연 엘리자베스 키스의 그림이 압도적이었다. 이번에 출판되는 《키스, 동양의 창을 열다》를 계기로 한국에서도 엘리자베스 키스의 그림이 계속 소개되고 그 진가를 인정받기를 바란다.

엘리자베스 키스 작품 목록 A Complete List of Paintings and Prints by Elizabeth Keith 2012

확인이 가능한 엘리자베스 키스의 작품 전체를 수록하였으며,
현재까지의 기록 중 가장 포괄적인 작품 목록이라 할 수 있다.
같은 작품이 두 가지 형태로 존재할 때, 예를 들면 에칭으로도 있고 수채화로도 있을 때는
①, ② 등으로 구분하였다.
키스의 작품은 여러 나라의 미술관들과 개인 수집가들이 소장하고 있다.
키스를 연구하는 사람들이 참조할 수 있도록 소장처 또는 출처를
최소한 두 곳 이상 기록하려 하였다.
목판화는 여러 곳에 흩어져 있지만, 수채화의 경우는 소장처가 한 곳이다.
이 목록에는 없지만 새로 발견된 작품이 있으면, 작품 목록의 완성을 위해 연락을 바란다.
youngdahl.song@gmail.com
약자는 아래와 같다.

_Berretti   Annabel Berretti 애너벨 베레티
_HAA   Honolulu Academy of Arts 호놀룰루 미술 아카데미
_JIJ Bland Ian Bland 이안 블랜드
_JS   Jordan Schnitzer Museum of Art 조던 슈니처 미술관
_PAM   Pacific Asia Museum 퍼시픽 아시아 박물관
_RM   Richard Miles, *Elizabeth Keith: The Printed Works*, Pacific Asia Museum, 1992
_SONG   Young-dahl Song 송영달
_《*EASTERN WINDOWS*》 Elizabeth Keith, Boston and New York Houghton Mifflin Company, 1928
_《*Eyes toward Asia: Ukiyoe Artists from Abroad*》 Yokohama Museum of Art, 1996
_《*Mater of Color Print*》 Master of Color Print 9: Elizabeth Keith, Introduction by Malcolm Salaman,
   The Studio, Ltd.(London); The Studio Publication Inc.(New York), 1933
_《*OLD KOREA*》 Elizabeth Keith and Elspet Scott-Robertson, Philosophical Library Inc., 1946

1917

일본

1_ 아이누 노인 Ainu Man 1917? 수채화 28×37 JIJ Bland,《EASTERN WINDOWS》 **p.164**

2_ 달마 상 Daruma 채색 목판화 10.8×10.8 RM

1918

일본

3_ 광주리를 만들고 있는 아이누 여인 Ainu Woman Making Basket 스케치 28.6×42.9
'Visions of the Orient: Western Women Artists in Asia 1900-1940'에 출품

4_ 젖을 먹이고 있는 아이누 여인 Ainu Woman Nursing Child 스케치 30.5×48.9
'Visions of the Orient: Western Women Artists in Asia 1900-1940'에 출품

1919

한국

5_ 4월 초파일 Buddha's Birthday(Korean Boy in Festival Dress) 채색 목판화 16.8×26.5

HAA, JS, RM, SONG,《EASTERN WINDOWS》 **p.6**

6_ 결혼식에 온 손님 Wedding Guest, Seoul 채색 목판화 24.1×31.2 HAA, RM, SONG **p.35**

7_ 원산 Wonsan, Korea 채색 목판화 23.7×37 HAA, JS, RM, SONG **p.40**

한국

8_ 두 명의 한국 아이들 Two Korean Children
ⓐ채색 목판화(노랑) 17×27 RM, SONG
ⓑ채색 목판화(초록) 27.9×35.6 JS **p.235**

중국

9_ 북경의 숭문문崇文門 밖 Outside the Hato Mon, Peking 채색 목판화 26.4×38.1 HAA, JS, RM

일본

10_ 통을 든 남자 Man with a Bucket
ⓐ 채색 목판화 28.4×21.1 그레이터 빅토리아 미술관
ⓑ 연필 드로잉 RM

1920

한국

11_ 금강산 절 부엌 A Temple Kitchen, Diamond Mountains, Korea
ⓐ 채색 목판화 26.7×34.5 HAA, JS, RM, SONG **p.56**
ⓑ 수채화 27.9×35.6 JS

12_ 달빛 아래 서울의 동대문 Moonlight at East Gate, Seoul 채색 목판화 43×39.7
HAA, JS, SONG,《EASTERN WINDOWS》 **p.226**

13_ 한국의 어린이들 Young Korea 채색 목판화 37.7×26.1 HAA, JS, RM, SONG

한국

14 금강산 구룡폭포 The Nine Dragon Pool, Diamond Mountains   채색 목판화   17.5×36.2

HAA, JS, RM

15 금강산, 전설적 환상 The Diamond Mountains, A Fantasy   채색 목판화   17.6×36.5

HAA, JS, RM, SONG   p.60

16_ 선비| The Scholar, Korea   채색 목판화   31.4×44.5   HAA, JS, RM, SONG, 《EASTERN WINDOWS》

p.43

17_ 수 놓고 있는 여자 Embroidering Korea   채색 목판화   23×31.2   HAA, RM, SONG

18_ 시골 결혼 잔치 Country Wedding Feast   채색 목판화   36×33.6   HAA, JS, RM, SONG   p.33

1922

한국

25_ 김윤식 자작 Viscount Kim Yun Sik 수채화 30.5×40 《OLD KOREA》 p.28

26_ 안개 낀 아침 Morning Mist, Korea 채색 목판화 36.8×24.1 SONG p.41

27_ 장례를 치르고 돌아오며 Returning from the Funeral, Korea 채색 목판화 23.8×37.5
HAA, JS, RM, SONG, 《EASTERN WINDOWS》 p.237

중국

28_ 라마 사원, 북경 Lama Temple, Peking 채색 목판화 36.2×24.1 HAA, RM, SONG p.82

29_ 라마 승려, 북경 Lama Priest, Peking 채색 목판화 23.5×36.3 HAA, JS, RM, SONG p.86

30_ 북경의 놀이거리 Sport in Peking 채색 목판화 23.8×35.9 HAA, JS, RM

중국

31_ 북경의 야경 Night Scene, Peking | 채색 목판화 | 24×36

HAA, JS, MCP, RM, SONG, 《EASTERN WINDOWS》 | **p.78**

32_ 옛날 옷을 입은 중국 어린이 Young Old China | 채색 목판화 | 24.1×36.8 | HAA, JS, RM, SONG | **p.81**

33_ 제례복을 입은 라마 승려 Lama Priest in Ceremonial Dress | 채색 목판화 | 23.7×35.7

HAA, RM, SONG | **p.83**

일본

34_ 가마쿠라의 대불 The Daibutsu, Kamakura | 채색 목판화 | 31.5×44.5 | HAA, JS, RM, SONG | **p.190**

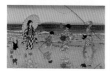

35_ 여름 해변에 비친 모습, 가마쿠라 Summer Reflections, Kamakura | 채색 목판화 | 37.5×24.1

HAA, JS, RM | **p.12**

1923

동남아

36_ 바기오의 노파 Elderly Woman, Baguio 수채화 27.8×36 JIJ Bland, HAA p.121

일본

37_ 불교 승려, 일본 교토 Buddhist Priest, Kyoto, Japan
　　① 채색 목판화 26×39 JIJ Bland, JS, RM, SONG p.197
　　② 수채화 스케치 JS

1924

한국

38_ 쌀 타작, 한국 Demolishing the Rice 채색 목판화 34.9×22.5 JIJ Bland, RM
39_ 한국의 모자 Korean Mother and Child
　　① 1924 컬러 에칭 26×33 JS, RM, SONG, MCP p.231
　　② 1919~1933? 수채화 29.2×37.5 JS
　　③ 컬러 플레이트 MCP

중국

40_ 상해 예원豫園의 찻집 Tea House, Native City, Shanghai 채색 목판화 41.6×31.1
HAA, JS, RM p.92

41_ 강소성江蘇省 소주의 거리 Street Scene, Soochow in Kiang-su
　　① 1924 채색 목판화 25.5×37.5 HAA, JS, MCP, RM, SONG, 《EASTERN WINDOWS》 p.97
　　② 1919~1936? 잉크 트레이싱 54×76.2 JS

중국

42_ 달빛 아래의 소주 Moonlight, Soochow ┊ 채색 목판화 ┊ 30×40 ┊ HAA, JS, RM, SONG

43_ 소주의 다리 Bridge, Soochow ┊ 채색 목판화 ┊ 37.6×25.7 ┊ HAA, RM, SONG,《EASTERN WINDOWS》 p.99

44_ 거지굴, 소주 Where the Beggars Sleep, Soochow ┊ 채색 목판화 ┊ 39.4×27.6 ┊ HAA, JS, RM

45_ 중국 배우 Chinese Actor ┊ 채색 목판화 ┊ 30.7×40.7 ┊ HAA, JS, RM, SONG ┊ p.9

46_ 홍콩의 밤 Hong Kong Night ┊ 채색 목판화 ┊ 38.4×31.4 ┊ HAA, JS, MCP, RM,《EASTERN WINDOWS》 p.113

동남아

47_ 기도하는 모로인들, 홀로 Moros at Prayer, Jolo, Sulu ┊ 채색 목판화 ┊ 37.8×25.4 ┊ HAA, JIJ Bland, RM

48_ 꽃 파는 여인 The Flower Seller ┊ 채색 목판화 ┊ 25.7×38.4 ┊ JIJ Bland, RM

49_ 라나노 호숫가의 모로 시장 Moro Market, Lake Lanano 채색 목판화 25.5×37.8

HAA, SONG, RM p.140

50_ 마닐라의 항구 Harbor, Manila 채색 목판화 38.1×25.4 HAA, RM, SONG p.118

51_ 말라카의 야경 Night Scene, Malaca 채색 목판화 25.1×37.8 JIJ Bland, RM, SONG p.11

52_ 닭싸움을 기다리며 Waiting for the Fight(Moro Boy—Lake Lanane, P. I.)

① 채색 목판화 21.3×47.9 HAA, JIJ Bland, RM,《EASTERN WINDOWS》 p.145

② 컬러 플레이트 MCP

53_ 모로 공주 Moro Princess 채색 목판화 22.7×28.9 JIJ Bland, JS, RM

54_ 모로 마을, 필리핀 삼보앙가 Moro Village, Zambroanga, Philippine Islands ᅵ 채색 목판화 ᅵ 25×38

JS, RM, SONG ᅵ **p.130**

55_ 모로의 배 Moro Vinta, Jolo, Sulu ᅵ 채색 목판화 ᅵ 47×33 ᅵ HAA, JIJ Bland, RM ᅵ **p.139**

56_ 모로인들의 우산 A Moro Umbrella, Jolo, Sulu ᅵ 채색 목판화 ᅵ 15.2×21.9

HAA, RM, 《Eyes toward Asia》

57_ 모로인들의 춤, 홀로 Moro Dance, Joro, Sulu ᅵ 채색 목판화 ᅵ 17.5×22.2 ᅵ HAA, JIJ Bland, RM

58_ 바기오의 장날, 필리핀 섬 Market Day, Baguio, Philippine Islands ᅵ 채색 목판화 ᅵ 25.4×37.8

HAA, JS, RM

59_ 수줍어하는 여인 Shy ᅵ 채색 목판화 ᅵ 28×36.8 ᅵ JIJ Bland, RM

60_ 바기오의 카누이 춤 한마당 The Kanoui Baguio Banguet Dance ᅵ 채색 목판화 ᅵ 37.7×25

HAA, JS, RM, SONG ᅵ **p.126**

61_ 성 이사벨라 탑, 마닐라 St. Isabella Tower, Manila   채색 목판화 27.9×40   JIJ Bland, RM, SONG

62_ 옛 성벽 밖 풍경, 마닐라, 필리핀 Outside the Old Wall, Manila, P. I.(Friday Morning, Manila)

　　채색 목판화 33×21   HAA, RM

63_ 이푸가오의 남자아이 Ifugao Boy, Baguio

　　① 채색 목판화 17.8×21.3   HAA, RM   **p.123**

　　② 수채화   JIJ Bland

64_ 춤이 끝난 후의 벵게트 남자 After the Dance, Benguet Man   채색 목판화 21.3×48.3   HAA, RM   **p.125**

동남아

65_ 필리핀의 귀부인 Philippine Lady   채색 목판화   25.6×37.7   JIJ Bland,《Eyes toward Asia》

일본

66_ 일본의 성 Japanese Castle ¦ 에칭   17.8×25.7   JS, RM

1925

한국

67_ 평양 강변 Riversid, Pyeng Yang, Korea ¦

    ① 채색 목판화   25.5×38   JS, RM, SONG ¦ **p.264**

    ② 스케치 《OLD KOREA》

68_ 평양의 대동문 East Gate, Pyeong Yang, Korea ¦ 채색 목판화 ¦ 45×31.4

    JS, RM, SONG,《OLD KOREA》 **p.8**

중국

69_ 낙타등 다리, 중국 Camel Back Bridge, China ¦ 채색 목판화   28.9×32.4 ¦ JS, RM

70_ 등나무 다리, 중국 Wisteria Bridge, China ¦ 채색 목판화   25.2×37.7 ¦ HAA, JS, RM, SONG

중국

78_ 중국 만주의 관료 Manchu Offical, China ι 채색 목판화 ι 31.5×45.1 ι HAA, JS, RM, SONG

79_ 홍콩의 꽃 거리 Flower Street, Hong Kong ι

　①채색 목판화 ι 25.7×48.2 ι JS, RM ι **p.10**

　②흑백 키 블록 ι JS

동남아

80_ 마닐라의 산타크루즈 교회 Santa Cruz Church, Manila ι 채색 목판화 ι 31.3×40 ι 《Eyes toward Asia》

81_ 말라카의 고가古家 The Old House, Malacca(The Old Chinese House) ι 채색 목판화 ι 25×27.5

　　HAA, JS, RM, SONG

82_ 말라카의 신년 아침 등불들 New Year's Morning Lanterns, Malacca ι 채색 목판화 ι 28.9×42.2

　　HAA, JIJ Bland, JS, RM

동남아

83_ 싱가포르의 과일 장사들과 등불들 Fruit Vendors and Lanterns, Singapore   채색 목판화 29.2×41.9
   JIJ Bland, RM

일본

84_ 등불을 든 소녀 Girl with Lantern | 컬러 에칭 22.2×23.8 RM

85_ 일본의 목수 Japanese Carpenter   채색 목판화 | 21×28.3 JIJ Bland, JS, RM

86_ 즐거운 어린이들 Children's Delight, Japan(Children on the Bridge)   채색 목판화 35.2×22.9
   JS, RM

87_ 지나간 날의 어린이들 Japanese Children of Yesterday   채색 목판화 28.6×34.6 JS, RM **p.182**

일본

88_ 청색과 백색 Blue and White │ 채색 목판화 │ 27.6×37.8 │ JIJ Bland, JS, RM │ **p.13**

89_ 흑색과 백색 Black and White │ 채색 목판화 │ 27.5×37.9 │ JIJ Bland, JS, RM, SONG

1927

한국

90_ 대금 연주자 The Flute Player(The Flautist) │ 컬러 에칭 │ 22.8×24.5 │ RM, SONG, 《OLD KOREA》

91_ 좌고 연주자 The Gong Player │ 컬러 에칭 │ 20.2×23 │ JS, RM, SONG

중국

92_ 라마 사원의 복사 Acolyte at Lama Temple, Peking │ 채색 목판화 │ 34.9×45.1 │ JIJ Bland │ **p.85**

동남아

93_ 벵게트 족의 여인 Woman of the Benguet Tribe │ 수채화 │ 29.2×30.5 │ HAA

268

1930

중국

94_ 중국 시인 The Chinese Poet, Peking 채색 목판화 29.5×37.8 HAA, RM, SONG

일본

95_ 밀짚모자와 우의를 입은 일본 남자 Japanese Man with Straw Hat and Coat 1930? 수채화

① 16×25 JIJ Bland

② 11×22.5 JIJ Bland

1934

한국

96_ 아기를 업은 여인 Lady with a Child 채색 목판화 37.5×43.4 SONG p.235

중국

97_ 중국의 여가장 Chinese Matriarch

① 채색 목판화 28.6×32.4 RM

② 구아슈 37.5×49.5 JIJ Bland p.269

98_ 중국 여인 Chinese Lady 채색 목판화 21.6×33.7 JIJ Bland, RM

동남아

99_ 시암 군왕의 백색 코끼리 The King of Siam's Royal White Elephant ㅣ채색 목판화 ㅣ28.9×32.1 ㅣRM

1935

중국

100_ 기울어진 탑, 소주 Leaning Pagoda, Soochow, China ㅣ채색 목판화 ㅣ25.5×38 ㅣRM, SONG ㅣ**p.100**

101_ 북경의 자금성 Forbidden City, Peking ㅣ채색 목판화 ㅣ38×25.5 ㅣRM, SONG

102_ 북경의 자금성 대문 Forbidden City Wall, Peking ㅣ채색 목판화 ㅣ38×25.5 ㅣRM, SONG ㅣ**p.76**

103_ 북경의 자금성 성벽 Forbidden City Wall, Peking ㅣ채색 목판화 ㅣ25.4×38.1 ㅣJIJ Bland, RM ㅣ**p.74**

104_ 작은 정자, 북경 Little Pavillion, Peking ㅣ채색 목판화 ㅣ21.5×34 ㅣRM, SONG

105_ 북경의 설경 Snowfall in China   채색 목판화   26×37.8   RM

106_ 풍요로운 농지 The Good Earth   채색 목판화   34×21.6   RM, SONG

107_ 쌍탑, 소주 Twin Pavilions, Soochow, China   채색 목판화   21.9×34.3   JIJ Bland, RM

일본

108_ 다나카 씨 Danaka San(The Japanese Dressmaker)   컬러 에칭   43.8×33.7   JIJ Bland   **p.205**

1936

한국

109_ 연날리기하는 아이들 Children Flying Kites   수채화   36.5×49.5   SONG   **p.235**

110_ 장기두기 A Game of Chess

①채색 목판화 43.5×32.4 HAA(1924), RM, SONG **p.50**

②수채화 JS

③스케치 《OLD KOREA》

중국

111_ 중국 남자와 어린이들 Chinese Man with Children 채색 목판화 12.1×11.8 RM

112_ 중국 어린이 Chinese Children 컬러 에칭 12.7×25.4 JIJ Bland, RM

일본

113_ 〈산바소三番叟〉에 출연한 시기야마茂山 Shigiyama in San-Ba-So

①채색 목판화 31.1×44.1 JIJ Bland, JS **p.272**

②수채화 스케치 31.8×44.5 JS

114_ 〈오키나翁〉에 나오는 곤고 노학교 金剛能楽会 Kongo in Okina, Japan 채색 목판화 43.8×31.1 JIJ Bland, JS, RM **p.208**

115_〈하고로모羽衣〉에 출연한 시기야마茂山 Shigiyama in Hagoromo   채색 목판화 27.6×40.6

JS, RM, SONG **p.207**

116_교토의 금각사金閣寺 The Kinkakuji Temple in Kyoto 40.6×34.3

'Visions of the Orient: Western Women Artists in Asia 1900-1940' 에 출품

117_초록색 의상의 시기야마茂山 Shigiyama in Green Dress   채색 목판화 32.4×44.1

Berretti, SONG,《Eyes toward Asia》 **p.209**

118_엄마 같은 여자아이 Little Mother, Japan   컬러 에칭 14×25.4   JIJ Bland, RM **p.180**

한국

119_ 종묘 제례 관리 Korea Nobleman(Nobleman Dressed for Confucian Ceremony) | 컬러 에칭
29.2×38.1 | JS, RM, SONG, 《OLD KOREA》

120_ 궁중 음악가 Court Musician, Korea | 컬러 에칭 | 40.6×27.3
MCP, RM, SONG, 《EASTERN WINDOWS》 **p.52**

121_ 민 씨 가문의 규수 A Daughter of the House of Min | 컬러 에칭 | 23.8×37.1
JS, RM, SONG, 《OLD KOREA》 | **p.224**

122_ 한국 신부 Korean Bride |
① 채색 목판화 | 29.5×41 | RM, SONG **p.36**
② 수채화 | 《OLD KOREA》

연도 미상

한국

123_ 과부 The Widow | 수채화 | 《OLD KOREA》 | **p.221**

124_ 궁궐 예복을 입은 청년 Young Man in Court Dress   수채화 《OLD KOREA》

125_ 궁중 복장을 입은 공주 Princess in Court Dress   수채화 《OLD KOREA》

126_ 내시 The Eunuch   수채화 《OLD KOREA》

127_ 널뛰기 See saw   수채화 《OLD KOREA》

128_ 노란 저고리와 검정 치마를 입은 여자 Woman in Yellow and Black   수채화 16×19 Berretti p.71

한국

129_ 농부 The Farmer ｜수채화 ｜《OLD KOREA》

130_ 담뱃대 문 노인 Lazy Man Smoking

　① 구아슈 ｜26.1×41.8 ｜SONG

　② 수채화 ｜《OLD KOREA》 **p.276**

131_ 당나귀를 타고 있는 남자 Man on Donkey ｜수채화 ｜25×35 ｜Berretti

132_ 돗자리 가게 The Mat Shop ｜수채화 ｜《OLD KOREA》

133_ 두 명의 학자 Two Scholars ｜수채화 ｜《OLD KOREA》 **p.31**

 **134**_ 맷돌 돌리는 여인들 Women at Work   수채화 40.6×30.5 PAM

 **135**_ 모자 가게 The Hat Shop   수채화 《OLD KOREA》

 **136**_ 못생긴 한국 노파 Ugly Old Woman, Korea   채색 목판화 SONG

 **137**_ 무당 The Sorceress   수채화 《OLD KOREA》 **p.53**

 **138**_ 무인武人 The Warrior   수채화 《OLD KOREA》

 **139**_ 바느질하는 여자 Woman Sewing   수채화 《OLD KOREA》

140_ 백불白佛 The White Buddha, Korea   채색 목판화 24.9×37.8 SONG, JS

141_ 서당 풍경 The School-Old Style   수채화 《OLD KOREA》 **p.223**

142_ 수원의 수문, 화홍문 Water Gate, Suwon   수채화 《OLD KOREA》

143_ 시골 선비 The Country Scholar
    ① 컬러 에칭 29.8×39.4 JS, SONG **p.278**
    ② 수채화 《OLD KOREA》

144_ 신발 만드는 사람들 Shoes and Shoemakers   수채화 《OLD KOREA》

145_ 신식 학교와 구식 학교 Schools Old and New   수채화 《OLD KOREA》

146_ 어느 골목길 풍경 Contrasts 수채화 《OLD KOREA》

147_ 여승이었던 동 씨董氏 Tong See, The Buddhist Priestess
①컬러 에칭 29.2×38.1 SONG **p.246**
②스케치 《OLD KOREA》

148_ 연날리기 Kite-Flying 수채화 《OLD KOREA》

149_ 예복을 입은 순이 Gentle in Ceremonial Dress
①구아슈 40.6×33.7 PAM
②수채화 《OLD KOREA》

150_ 왕릉 앞에 선 시골 선비 Country Scholar before a Royal Tomb 수채화 28.8×39
SONG,《OLD KOREA》 **p.47**

151_ 우산 모자 쓴 노인 The Umbrella Hat | 수채화 《OLD KOREA》

152_ 절의 내부 Temple Interior   수채화 《OLD KOREA》

153_ 절하는 한국 여자 Korean Woman Bowing | 수채화 20×26 Antonella Bell, Berretti **p.68**

154_ 주막 The Eating House   수채화 《OLD KOREA》

155_ 청포를 입은 무관 Man in Blue | 수채화 56×78 Berretti

156_ 초록색 장옷 The Green Cloak   수채화 29×41 《OLD KOREA》

162_ 홍포를 입은 청년 Young Man in Red ｜수채화 《OLD KOREA》

중국

163_ 낙타가 있는 북경의 사원문 Old Peking Temple Gate with Camel ｜1920s ｜구아슈 ｜35.6×26.7 ｜RM

164_ 만다린 사수射手 Mandarin Archer ｜1930s ｜구아슈 ｜26.7×36.2 ｜PAM

165_ 아이를 안고 있는 어머니 Motehr and Child ｜수채화 ｜19×22 ｜Berretti

166_ 점 치는 새, 중국 Fortune Telling Bird, China ｜1920s ｜수채화 ｜

① 36×26

② 27×22 ｜JIJ Bland

167_ 청탑이 있는 풍경 Blue Tower ｜채색 목판화 ｜21.9×33.9 ｜SONG

동남아

168_ 닭싸움 Cock Fight 채색 목판화 31.4×41.4 SONG,《Eyes toward Asia》 **p.243**

169_ 마닐라의 성당 Manila Cathedral 1920s 채색 목판화 26.7×39.4 PAM

170_ 사람 사냥 나가기 전 춤을 추는 이푸가오 족 남자 Ifugao Man of Action in Headhunter Dance 수채화
41.5×63 JIJ Bland

171_ 앉아서 쉬고 있는 남자 A Man Resting 수채화 15.7×23 SONG

172_ 이푸가오 족 남자 Ifugaoan Man, Tribe of the Mountain province, P. I. 수채화 38×70 JIJ Bland

173_ 잘 차려입은 필리핀 남자 A Finely Dressed Man. P. I. 수채화 24×61 JIJ Bland

174_ 채소 바구니를 들고 있는 소녀 A Girl with Vegetable Basket ¦ 수채화 ¦ 22.7×33.5 ¦ SONG

175_ 필리핀 여자 Philippine Woman ¦ 채색 목판화 ¦ 11.5×14.5 ¦ SONG

176_ 기온제의 등불, 교토 Temple of Light Gion Festival, Kyoto ¦ 1915~1924? ¦ 수채화 ¦ 72.5×54
   JIJ Bland

177_ 도시샤同志社 여학생 Doshisha Girl ¦ 채색 목판화 ¦ 10.8×22.4 ¦ JIJ Bland,《Eyes toward Asia》 **p.233**

178_ 밤에 본 교토의 과일가게 Fruit Shop at Night, Kyoto ¦ 채색 목판화 ¦ 38×25.5 ¦ JS
179_ 어촌 Fishing Village ¦ 에칭 ¦ 32.5×25 ¦ JIJ Bland

180 오사카 축제 Osaka Festival 1925~1928? 수채화 52.7×71.8 JS

키스, 동양의 창을 열다

영국 화가가 그린 아시아, 1920~1940

1판 1쇄 2012년 7월 13일
1판 2쇄 2015년 4월 20일

지은이 | 엘리자베스 키스
옮긴이 | 송영달
펴낸이 | 류종필

편집 | 천현주, 박진경
마케팅 | 김연일, 이혜지, 노효선

디자인 | 안지미
본문 조판 | 조진일

펴낸곳 | 도서출판 책과함께
주소 | (121-896) 서울시 마포구 월드컵로 50 덕화빌딩 5층
전화 | (02) 335-1982~3
팩스 | (02) 335-1316
전자우편 | prpub@hanmail.net
블로그 | blog.naver.com/prpub
등록 | 2003년 4월 3일 제25100-2003-392호

ISBN 978-89-97735-05-1 03910

이 도서의 국립중앙도서관 출판시도서목록(CIP)은 e-CIP홈페이지(http://www.nl.go.kr/ecip)와
국가자료공동목록시스템(http://www.nl.go.kr/kolisnet)에서 이용하실 수 있습니다.
(CIP제어번호: CIP2012002954)